新时代管理案例丛书

新消费时代
营销管理
案例与分析

U0274568

李晨溪 ◎ 著

清华大学出版社
北京

内 容 简 介

本书为读者生动还原中国企业在新消费时代所面对的机遇与挑战，深入梳理这些企业在其中的探索历程，总结回顾本土企业独特的营销管理经验，从而帮助读者以尽可能身临其境的方式，在学习过程中识别企业在新消费时代面临的管理问题，分析问题背后的原因并尝试提出解决方案，最终加深对这些前沿营销管理实践的理解和认识，提高思辨能力。

图书在版编目（CIP）数据

新消费时代营销管理案例与分析 / 李晨溪著 . —北京：清华大学出版社，2024.1
（新时代管理案例丛书）
ISBN 978-7-302-63713-4

Ⅰ . ①新… Ⅱ . ①李… Ⅲ . ①营销管理－案例 Ⅳ . ① F713.56

中国国家版本馆 CIP 数据核字 (2023) 第 102482 号

责任编辑：朱晓瑞
封面设计：汉风唐韵
版式设计：方加青
责任校对：王荣静
责任印制：丛怀宇

出版发行：清华大学出版社
　　　　网　　　址：https://www.tup.com.cn，https://www.wqxuetang.com
　　　　地　　　址：北京清华大学学研大厦 A 座　　　　　　邮　　编：100084
　　　　社 总 机：010-83470000　　　　　　　　　　　　邮　　购：010-62786544
　　　　投稿与读者服务：010-62776969，c-service@tup.tsinghua.edu.cn
　　　　质 量 反 馈：010-62772015，zhiliang@tup.tsinghua.edu.cn
印 装 者：三河市东方印刷有限公司
经　　销：全国新华书店
开　　本：170mm×240mm　　　印　　张：13.25　　　字　　数：202 千字
版　　次：2024 年 1 月第 1 版　　　印　　次：2024 年 1 月第 1 次印刷
定　　价：68.00 元

产品编号：096041-01

　　本书受到国家自然科学基金（项目编号：72172011）、教育部人文社会科学研究规划项目（项目编号：21YJA630043）资助。

前言

随着移动互联网、大数据、人工智能等新兴数字技术在我国的飞速发展与广泛运用，新消费时代的帷幕已经徐徐拉开。与以往相比，消费者获取和传递信息的方式正变得日益多样与便捷，其消费行为和观念也在不断变化。而企业所拥有的营销工具也变得日益丰富与强大，各种创新营销实践层出不穷。在这种剧烈变化的营销环境下，传统的营销管理实践无疑面临深刻变革。如何在新消费时代中有效利用新的营销工具、探索新的营销形式，立足新的营销情境开展全面有效的营销管理，从而充分满足消费者的新的消费需要，成为企业前所未有的机遇与挑战。

作为一门实用性很强的应用学科，市场营销的课程教学也需在新消费时代的浪潮中与时俱进，帮助学生更好地培养实践所需的前沿知识和能力，从而更好地提升教学效果、满足人才培养的要求。遗憾的是，在教学过程中，我们发现当前的营销教学工作存在如下问题：

（1）在教学资料的素材来源方面，以新消费时代中的本土营销管理实践为主题的教学资料尚存在较大内容缺口。与日新月异的营销管理实践相比，现行的营销专业教材在很大程度上还在沿用基于传统营销实践的相关教学素材，尚未将新消费时代中的营销管理实践（特别是近年来极具特色的一系列本土营销管理实践）全面吸纳进教材体系。这在一定程度上造成了现有教学内容难以满足学生在前沿营销实践中形成的学习需求，极大地影响了学生的学习热情与满意度。

（2）在教学资料的形式设计方面，专为课堂教学需要设计的、以学术理论为分析基础的、以新消费时代中的本土营销管理实践为素材的教学案例材料严重不足。尽管我们可以在一定程度上灵活利用各种商业媒体或自媒体平台针对前沿本土营销管理实践的相关报道进行课堂教学、弥补教材内容的滞后性问题，但这些素材既不是专为课堂教学的需要进行设计的，也缺乏严谨的学术理论作为分析基础，且在素材内容的全面性、深入性和准确性上难免有所欠缺，难以保证课堂教学的效率与效果。

（3）在教学内容的体系建设方面，对新消费时代中企业面临的核心营销管理问题缺乏系统的梳理与探讨。尽管近年来也有不少学界同人正在积极将新消费时代所特有的种种新兴营销管理现象引入营销专业的课程教学，但这些尝试往往缺乏足够的系统性，更多表现为针对局部营销议题的探讨。然而，考虑到新消费时代对传统营销实践带来的全面深刻变革，营销专业的相关课程有必要进一步加强对其中核心营销管理问题的系统梳理与深入探讨，才能充分体现市场营销的学科特点、加强对学生专业素养与理论联系实际的能力的培养，进而实现高水平的人才培养目标。

从上述三方面考虑出发，本书以企业管理者、学者和相关专业或课程的学生为主要读者对象，立足于我国的新消费时代中的营销管理实践，精心收录了 8 篇高水平的营销管理教学案例。这些案例均为作者团队近年来基于我国企业在营销实践中的真实经历，以企业实地采访调研的方式获取一手真实信息，针对我国营销管理相关课程的实际教学需要精心开发而成①，其中有多篇案例曾被全国 MBA 教学指导委员会评为"全国百篇优秀管理案例"，英文版本被收录于国际顶级哈佛案例库和毅伟案例库。每篇案例均包括案例正文和案例分析两个板块，其中，案例正文部分围绕案例主题深入描述了企业案例发展，而案例分析部分则提出了着重分析的关键管理决策，并基于理论展开深入分析。所有的案例均已在课堂上反复使用，广受学生好评，取得了良好的教学效果，并基于课堂反馈不断更新完善。

在案例企业的选择上，本书精心挑选了不同类型的代表性本土企业，其中既包含传统企业，也涵盖互联网企业，既有行业巨头，也有独具特色的中小企业，力图全面展现不同类型的我国企业在新消费时代所面临的挑战及应对经验，提升本书的参考价值。

在案例主题的选择上，本书遵循企业营销管理实践决策基本逻辑，从营

---

① 出于企业的保密要求，本书中的部分案例对有关的名称和数据等进行了必要的掩饰性处理，但这对于形成案例分析的关键结论不会产生影响。此外，本书案例仅供课堂讨论之用，无意暗示或说明某种管理行为是否有效。

销战略、渠道管理、营销传播、品牌建设四个方面覆盖了新消费时代中我国企业所面临的核心营销管理议题（如营销战略转型、渠道冲突管理、内容营销传播、整合营销传播、品牌危机管理、老字号品牌建设等），体现了较强的体系性。具体而言，首先，企业需要针对消费环境的变化适时制定符合实际的营销战略，此时营销战略的制定往往涉及战略转型等内容。其次，在战略实施的过程中，企业亟须对原有营销结构做出合理调整，而这些调整常常体现在渠道方面，因此应当如何进行有效的渠道管理、解决因调整导致的渠道冲突并对渠道成员进行激励等管理决策是企业面临的实际问题。此外，新消费时代下，营销传播方式也在不断更新，选择合适的营销传播策略，能够更好地构建消费者与企业之间的沟通桥梁。最后，企业的长期发展与品牌建设息息相关，消费者信息获取和传播方式的改变，为企业品牌建设带来了更多挑战，企业在管理实践中应当重视持续保有品牌活力。

基于上述设计，本书一方面以新消费时代的营销管理为特色主题，填补了现有营销管理相关案例书籍的空白，另一方面深入描绘和分析了一系列具有我国管理实践特色的营销案例，如老字号品牌活化、传统白酒企业渠道变革、互联网企业内容营销等。因此，本书期望能够为正在面临新消费时代挑战的我国企业，以及关注营销管理案例开发和有相关企业实践需求的读者有所助益。

本书中每一个案例的背后都是作者团队共同深入企业调研探索的一段难忘经历，凝结着团队每位成员的心血与汗水（见表 1），在这里谨向这些对本书有贡献的众多学者和学生表示衷心的感谢！同时，也要感谢清华大学出版社编辑对作者团队的高度认可以及为本书出版所付出的努力！

表 1　案例开发者和整理者

序号	案 例 名 称	开 发 者	整理者
1	京东方 B2C 业务开拓之路	李晨溪，陈婧，郭惠卿	刘祖宏
2	东西分析售后服务转型之路	李晨溪，陈婧，张杰	夏心悦
3	从一到多：鸿合的渠道冲突管理之路	李晨溪，陈婧，邢诚，韩小汀，周宁	夏心悦
4	分"酒"必合：五粮液集团中低端产品渠道变革之路	陈婧、李晨溪、袁浩宇、刘禹萱、车宗辉	车宗辉

续表

序号	案 例 名 称	开 发 者	整理者
5	内容为王：《乐队的夏天》的内容营销之路	李晨溪，陈婧，曹乐	陈李林蔚
6	"酒"旱逢春：张弓酒业的品牌活化之路	李晨溪，陈婧，崔争艳，韩小汀，周宁	吴昂鸿
7	海南航空的品牌建设之路	李晨溪，陈婧，许羽	吴昂鸿
8	砚"育"新生：FT古砚品牌活化之路	李晨溪，韩小汀，崔争艳，崔美达，周宁	夏心悦

由于作者的水平限制，书中难免会出现错误，敬请读者批评指正。

作　者

2023 年 9 月

目录

营销战略篇

品牌建设篇

营 销 战 略 篇

第 1 章　京东方 B2C 业务开拓之路

摘　要：上游制造业企业为了长远的可持续的发展，往往会选择开拓下游市场。作为显示面板行业的龙头企业，京东方科技集团（以下简称京东方）在 B2B 面板制造业务上做大做强，并且在国家制造强国战略的背景下，做出了开拓下游 B2C 业务的决定。然而因为对 B2C 模式不够熟悉，对下游市场需求和趋势也难以准确把握，导致京东方的 B2C 业务开拓之路跌宕起伏。京东方面临了何种困难？又如何及时解决？如何实现业务多元化的发展？该案例可以为我国高科技制造业在拓展终端市场、实现业务多元化、提升盈利能力、促进企业结构转型等方面提供一定参考与借鉴。

关键词：制造业、京东方、B2C 模式、业务多元化、企业结构转型

1.1　引言

2020 年 8 月，夏日的酷热正在逐渐退去，而关于显示面板的讨论却此起彼伏、热火朝天，各大显示面板厂在 8 月底陆续发布 2020 年半年度报告，为上半年的业绩交出答卷。纵观各家报告，京东方 2020 年上半年的业绩在面板行业中仍然独领风骚，以 608.67 亿元

的营业收入成为行业翘楚，甚至领先老牌面板制造商韩国乐金显示（LGD），这是京东方连续第三年在面板行业保持出货量第一，全球每四台显示设备中就有一块屏幕来自京东方。这份傲人的成绩，既包含了京东方传统 B2B 业务——面板制造在全球疫情和经济下行大环境中的逆势增长，也见证了京东方 B2C 新业务——数字艺术、健康显示、智慧教育等产品的成功。看着这份成绩，负责 B2C 业务的林总终于舒展了眉头，回顾 B2C 业务的开拓之路，林总感慨万千……

1.2 京东方简介

京东方成立于 1993 年，是一家为信息交互和人类健康提供端口显示产品和服务的物联网公司。现在京东方的业务主要分为三大事业群：端口器件、智慧物联、智慧医工。

端口器件事业群包括显示器件与传感器件两大部分，是京东方最核心也是集团内最具支撑力的业务。特别是在显示器件方面，京东方的超大尺寸、超高清、高色域、微显示等高端显示产品已经处于行业领先地位，并且被广泛应用。

智慧物联事业群包括为数字艺术、智慧教育、智慧交通、商务办公等新兴细分领域提供的终端显示产品和物联网整体解决方案。

智慧医工事业群包括移动健康和健康服务两大部分，聚焦数字医院及医疗服务，通过科学结合医疗、显示、电子信息、人工智能等技术，提供智能检测、线上问诊、疾病风险预测、健康管理等服务和方案。

此外，京东方的研发中心和工厂现已遍布北京、合肥、武汉、鄂尔多斯、成都、福州、重庆等全国多个城市和地区，并在韩国、日本、新加坡、美国、德国、印度等全球多个国家和地区设立了子公司和办事处，产品和服务覆盖了全球主要区域，打造了一个以面板作为重要端口的显示物联网生态。

1.3　行业背景简介

液晶（liquid crystal）是一种在一定温度范围内既具有晶体特性，又具有液体流动性的特殊物质，它由奥地利植物学家莱尼茨尔（Reinitzer）于 1888年发现。20 世纪 90 年代，伴随着半导体技术的发展，液晶开始被应用到电子显示中，并由东芝、夏普等日本企业率先通过 TFT-LCD（薄膜晶体管液晶显示器）技术实现了液晶显示面板的产品化。到 1994 年，日本显示面板企业在全球市场的占有率已经超过 90%。韩国政府看到液晶显示的发展前景后大力支持国内液晶产业发展，韩国企业三星、LG、现代等在政府支持下紧随日本于 1993 年进入该行业，并于 1995 年实现量产。到 20 世纪 90 年代末，由于日本企业的显示面板生产成本居高不下，加之韩国显示产业崛起的威胁，日本决定将液晶显示技术向中国台湾转移，中国台湾企业获得日本的技术后开始大力发展该产业。在奖励计划以及旺盛的内需牵引下，液晶显示产业在中国台湾得以迅速发展，2009 年其显示面板的出货量已占全球市场的 40% 以上，整个显示行业已经形成日本、韩国、中国台湾三足鼎立的局面。

然而受制于液晶显示技术的高壁垒以及头部企业的技术封锁，中国大陆显示面板长期依赖进口。为了彻底解决中国大陆"少屏"的问题，京东方、华星光电等一批大陆企业在国家的大力扶持下于 20 世纪 90 年代初开始涉足液晶显示产业，经过多年卧薪尝胆，终于打破曾经的三足鼎立局面。2020 年中国大陆的显示面板产能已位列全球产能第一，占据全球产能的一半以上，而曾经风光的日本企业早已在显示面板产业中销声匿迹。液晶显示产业链经历了日韩主导、中国台湾主导两个时期后，现在已经进入由中国大陆主导的第三个时期，并且整个产业链重心还在进一步向中国大陆转移。

1.4　追风逐日，面板行业勇投身

京东方的前身是北京电子管厂（代号 774 厂），隶属于国家工业部。北京电子管厂曾经是中国最大的电子元器件厂，盛极一时。但从 20 世纪 80 年代末起，半导体行业的高速发展使电子管技术逐渐被集成电路技术取代，北京电子管厂连续七年亏损，濒临破产。

半导体技术的发展也带动了显示技术的升级，TFT-LCD 因其更优质的显示效果、更轻薄的外观而逐渐兴起。日本企业率先尝试 TFT-LCD 技术的产业化，凭借先行者的优势，到 1994 年已经成为 TFT-LCD 行业的主导者。韩国和中国台湾地区企业紧随其后，通过全部押注在 TFT-LCD 技术上的"豪赌"而大量获益。然而日韩台为了利益不惜严格控制产品供应量，并对技术牢牢封锁，使中国大陆液晶面板"一板难求"。

为了打破技术垄断，京东方背负产业使命，在国家政策和地方政府的支持下坚定地投身于显示行业。2003 年京东方通过收购韩国现代电子旗下的 TFT-LCD 业务公司——现代显示技术株式会社（HYDIS），正式进入 TFT-LCD 显示领域。同年 9 月，京东方开始在北京建立第 5 代 TFT-LCD 生产线。京东方一边建线，一边派出大量工程师赴韩国学习 TFT-LCD 技术。北京 5 代线建成后，被称为"中国首批 TFT-LCD 工程师"的技术人员也学成回国，积极投身到京东方的产品研发中。2005 年 5 月，京东方 5 代线正式量产，结束了中国大陆无自主液晶显示屏的时代。

到 2006 年，京东方已经开始向韩国三星稳定供货。至 2011 年，京东方又投建了成都 4.5 代线、合肥 6 代线、北京 8.5 代线，这三条生产线陆续于 2008 年、2010 年和 2012 年实现量产。由此，京东方的产品实现了从 1.8 英寸到 110 英寸全覆盖，涉及电视、显示器、笔记本、平板、手机等所有传统显示产品领域，客户群也从最初的三星拓展到 LG、惠普、戴尔、索尼、联想、海信、创维、华硕等，基本辐射行业内所有品牌客户，整个显示行业对京东方的实力给予了初步认可。

1.5 竿头日上，新增长点在何处

2014 年，20 岁的京东方在半导体显示技术领域已经处于世界领先地位，产能、出货量、营收均已跻身行业前五，多年的积累也让京东方在技术上实现了质的飞跃，新增专利数量从 2011 年的 1292 件增长至 2014 年的 5116 件，涨幅超过 4 倍。此外，京东方还对重庆 8.5 代线进行扩产，又开始投建合肥 8.5 代线、福州 10.5 代线两条高世代线，希望能在显示行业更上一层楼。

然而，面板制造业资金密集、技术密集、劳动密集的特性决定了产品利润率极低、极度依赖规模效应的劣势。同时，对于规模日渐庞大的京东方而言，单一的面板制造业务也不足以很好地抵抗经营风险。除了扩大规模，如何才能更有效地提升营收和利润，如何让公司运营更加稳健，是包括林总在内的公司高层时常思考的问题。

时任电视事业群负责人的林总也是中国第一代显示产业人，见证了中国液晶显示从艰难起步到逐步腾飞的全过程，他对中国的显示行业充满了浓厚的情怀，更对京东方的不断进步感到十分欣慰。可是每当林总情感真挚地向行业外的朋友介绍京东方时，大家总是一脸疑惑：京东方是谁？是做零售的公司还是做教育的公司？京东方在终端市场较低的品牌知名度始终是林总心里的疙瘩。

事实上，纵观整个显示面板产业链，上游的玻璃基板、IC 芯片等行业因复杂、精密的工艺制程，技术壁垒较高，使新来者短时间内难以进入，也为上游企业带来了显著的经济效益；下游渠道商受益于品牌效应及渠道利润，收益也相对可观；而像京东方这样位于产业链中间的面板制造商，却正好处在了产业链利润微笑曲线尴尬的最低点（见图 1-1）。虽然京东方已经拥有了数个高世代线工厂，但是除了依靠规模效应，暂时还没有其他可以有效提升盈利空间的办法。

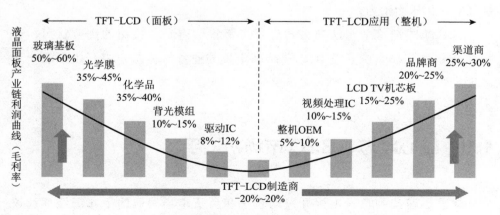

图 1-1　液晶面板产业利润微笑曲线（毛利率）

"上游材料市场一时难以突破,但离我们只有一步之遥的终端市场也无法突破吗?"林总常常这样问自己。这距离终端市场的"一步之遥"不仅成为消费者和京东方之间的一道鸿沟,导致鲜有消费者知道自己手机、笔记本、显示器、电视使用的面板来自京东方,同时也造成了京东方作为"中间商"与终端销售商近30%的毛利率差距。

此时的终端电视市场正热闹非凡。全球高世代线工厂的兴起使显示面板开始趋向于大尺寸,物质生活的丰富也促使人们越来越注重对生活品质的追求,互联网的发展又带动电视走入了智能化时代,消费者对显示产品的关注度和热情日益高涨,越来越多的家庭都想要更换更好更智能的电视以享受生活,一波电视换机潮悄然兴起,电视市场进入了一个蓬勃发展的时期。众多头部电视品牌商如索尼、三星、海信、康佳等都推出了55英寸4K分辨率电视,这个规格的电视一时成为市场的"明星",越来越多的电视品牌客户不断联系林总,希望林总能为自己多提供55英寸4K的显示面板。

上游市场的牢不可破和下游市场的生机勃勃不禁让林总开始思考,为什么不去主动打破下游壁垒,用自己的面板开发一款京东方品牌的电视呢?B2B行业的多年深耕让现在的京东方生产55英寸4K显示面板已是轻车熟路,20年的运营发展也让京东方积累了丰富的设计、生产和管理经验,借助此时大尺寸高分辨率电视市场的热度向下延伸产业链,开拓下游B2C市场,既可增加产品附加值和公司营收,又能趁机打造品牌,提高品牌知名度。待品牌影响力提升到一定程度后,还可再借助品牌效应营销新的B2C产品,形成良性循环,何乐而不为?

林总随即把这个想法向公司进行了汇报,得到了公司的高度认可,公司任命林总全权负责开发B2C端品牌电视的业务,林总心中开始酝酿一场"大战"。

1.6 雄心壮志,B2C市场初试手

林总迅速找到负责电视开发的查总和负责市场调研的下属汤经理商议B2C市场开拓之事。

　　林总慷慨激昂地分享了他的想法后，查总率先开口："一直以来我们都是做电视面板，从没做过电视整机，但我们都是在这个行业摸爬滚打多年的老产业人了，一直在挑战，也一直在进步，挑战开发电视的勇气和信心我们还是有的！而且在设计生产上我们和下游还有很多相通之处，这个想法值得一试。"

　　汤经理也表示："根据 NPD 集团旗下 Display Search 发布的报告，今年大尺寸面板出货面积预计会较之前增长 18%，现在市场对大尺寸高分辨率面板的需求确实旺盛，55 英寸 4K 这样高规格的面板已经成为主流电视的首选，而且智能电视升级带动的需求增长预计会一直持续到 2016 年，高端电视市场仍有一定空间，我们自己又有面板，做电视不说易如反掌，也绝对算是赢在起跑线上啊！"

　　查总和汤经理的话让林总信心大增。确实，面板行业不仅技术壁垒高，资金壁垒也很高，下游企业想要进入面板行业需要投入巨额资金并经历漫长的产能爬坡及设备摊销过程。与之相比，面板企业想进入下游市场则容易得多。

　　"是的，我们的确有自己独特的优势，但是也像小汤所说的，旺盛的需求是有时间期限的，我们必须尽快开发出自己的 55 英寸 4K 电视并推向市场，才能抓住这段需求旺盛的市场上升期。"林总道，"小汤尽快开始做市场调研吧，我们时间紧张，市场调研、产品研发的日程大家都尽量压缩。第一款电视的开发难免会遇到各种困难，查总这边也请多多支持，我们争取不鸣则已，一鸣惊人，不仅要让行业内的合作伙伴知道京东方，更要让终端市场的消费者也都知道京东方！"

　　汤经理立刻展开对终端电视市场的调研，他发现市场上的电视看似五花八门，实际上同质化程度非常高，显示面板本就类似，外观上也大致雷同；遥控器按键看似繁杂，但很多按键几乎都不会被用到；而且电视作为家庭中不可或缺的电子产品，对于重视家装风格的白领和小资人群来说，单调的外观很难与房间的整体设计风格完美匹配，但并没有商家重视并尝试解决这部分消费者的痛点。最终，林总的团队把目标锁定在小众的"完美主义者"身上，他们认为"完美主义者"是一群更加注重生活品质，喜欢追求精致、个性的产品设计的高消费人群，京东方要用自己的 55 英寸 4K 面板，为这样一群人开发一款外观简约又高级感十足的电视。方向确定后，查总就带领一众工程师进入了紧锣密鼓的产品开发阶段。

2015年夏天，京东方的首款品牌电视——BOE Alta 应运而生（见图1-2）。"Alta"源自西班牙语，原意是高耸，这个词以"a"开头，以"a"结尾，林总认为它非常完美地诠释了自己首款品牌电视产品的定位：简约、极致、高端。BOE Alta 搭载京东方自己的 55 英寸 4K 分辨率显示面板，机身采用的是航天材料铝镁合金，内置音响是国际顶级品牌哈曼。外观采用区别于传统电视的一横一纵设计，而是使用一体成型的全金属银色机身，无拼缝、无螺丝，这对生产工艺有极高的要求，几乎可以说是非常极致的外观设计。Alta机身厚度仅为 19 毫米，摒弃了传统的支架形态，而是让底座与屏幕保持 7°的仰角，在支撑电视的同时更符合人体工学设计。秉持简洁的设计理念，整个电视只有电源和 HDMI 两个接口，只需插两根线便可观看，不再像传统电视一样有复杂的线路。同时，遥控器的按键也精简到了 11 个。Alta 的每一个外观细节都在向消费者传达"如无必要，勿增实体"的极简审美和生活态度，极具艺术感的外观设计可以说是颠覆了传统电视的设计。林总把 Alta 称为"艺术电视"，并希望这样的产品能与"完美主义者"的家庭风格完美地融为一体。

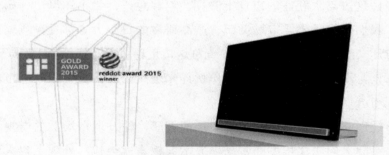

图 1-2　BOE Alta

Alta 的推出轰动一时，连获 2015 年德国 iF 产品设计金奖和红点产品设计奖两项大奖。为了宣传产品，林总的团队也"痛下血本"邀请当时的人气演员为产品代言推广，并量身打造了"BOE Alta，眼界非凡"的广告词。另外还联合如央视、搜狐、小红书等各大媒体平台，以及网络大 V 和 KOL 对产品进行测评和宣传。

新颖独特的外观着实让 Alta 非常吸引消费者眼球。但是一问价格，又是一个闻所未闻的牌子，消费者望而却步。BOE Alta 上市时售价定为 19800 元，而当时市场上主流品牌的 55 英寸 4K 电视售价基本在 5000~8000 元，即便是索尼、三星这样的国际知名品牌，售价最高也仅为 16999 元，相比之下 Alta 的价格近乎"天价"。

"我们是高端电视嘛！"在听到一些消费者对 Alta 价格的抱怨时，林总不禁想道。一方面，追求极致的设计、大幅度的宣传都为 Alta 带来了成本上升；另一方面，高端的定位也需要一个"高端"的售价与之匹配，Alta 本就针对的是高端市场和高消费人群，不是普通消费者。因此林总认为普通消费者的抱怨也可以理解。

然而 Alta 瞄准的所谓"完美主义者"实在是太过小众，客户基数远低于常规电子品消费人群，目标市场规模存在很大局限。而且即便是对于高消费人群，Alta 的价格也太过昂贵。作为电视，除了外观外，Alta 在本质上与传统电视并无太大区别。作为家庭中一款带装饰性质的电器，这个装饰用途的成本实在太高。虽然产品设计精致，但完美主义者们也不愿付出比传统品牌高出近两倍的价格为这样的设计买单。况且对于 B2C 市场的消费者来说，京东方还是一个非常陌生的品牌，即使林总通过各种方式大力宣传 Alta，短时间内也无法迅速拉近消费者与品牌间的距离，过高的售价也让京东方在赢得消费者信任方面显得诚意不足。除此之外，Alta 上市初期只能通过京东方官网或官方微信下单，支持购买和配送的城市仅有北京、上海、广州、深圳、成都五个城市，销售渠道不够丰富，销售方式不够灵活也影响了消费者的购买热情。

Alta 上市一段时间后，林总开始陆续接到老客户的电话。

"林总，听说你们也开始做自己的电视了，也是用 55 英寸 4K 的面板，销量怎么样啊？"

"林总，这个月 55 英寸 4K 面板的供应量还能保证吗？你们不会都拿去做 Alta 了吧？"

"林总，您这新出的 Alta 不是跟我们品牌电视公司抢生意吗？"

原来，京东方向 B2C 电视领域的进军也引来 B2B 品牌电视客户的隐隐担心。对于这些品牌客户来说，京东方从供应商变为既是供应商又是竞争对手后，是否在供应时会"肥水不流外人田"，把品质最好的显示面板留给自己，这样的供应策略是否会在终端电视市场引起更激烈的竞争,这些都是品牌客户关心并且担心的地方。尽管林总一再向客户解释 Alta 的定位是高端电视市场,不会与 B2B 业务的品牌电视客户产生竞争,但这样的说法终究无法打消 B2B 客户的顾虑。

新品上市的讨论热度冷却后,Alta 的话题度越来越低。虽然后期林总带领团队对 Alta 系列产品线做了延伸,再次利用自己的面板推出 Alta Max 110 英寸超高清 4K 电视,试图背水一战。但除了尺寸增大外,Alta Max 与 Alta 并无太多本质区别,家庭中也并不适合使用这种超大尺寸电视,Alta Max 的定位变得模糊不清。

上市近一年后,Alta 和 Alta Max 在京东方天猫官方旗舰店的月销量为零,Alta 仅有两个历史评价,Alta Max 甚至没有评价。而后代言人被封杀也为产品形象蒙上阴影。虽然京东方没有公开官方销售数据,但是 BOE Alta 还是渐渐淡出了消费者的视线。

1.7 重整旗鼓,B2C 产品再出发

在 Alta 逐渐沉寂后,整个显示面板业也因为产能的爆发式增长进入了供过于求的行业寒冬。随着国内企业对显示面板生产技术的深入掌握,显示面板生产工艺逐渐成熟,再加上国家政策的支持,国内企业的显示面板产能不断增加,到 2016 年初国内已经有 8 条 8.5 代线投产,同时还有 3 条 8.5 代线、1 条 8.6 代线、1 条 10.5 代线在建。然而经过显示产品多年的蓬勃发展和互联网带动的"换机热"渐入尾声,终端市场需求暂时趋于稳定,不断释放的产能一时使显示面板行业走入了产能过剩的困境,价格战打得如火如荼。

行业领先的京东方也无法在这场寒冬里独善其身,2016 年仅上半年京东方就亏损 5.16 亿元,太过单一的显示面板制造业务、太过简单的产品结构都让京东方难以很好地抵抗行业下行周期,更不用说提升产品附加值。

市场的压力让林总再度陷入深思。虽然 Alta 销量惨淡,但是开拓 B2C 市场,向下延伸产业链,丰富产品类型,优化市场结构的大方向是没有错的,产品和市场的多元化仍是京东方稳健运营和持续发展的最佳选择。不过 Alta

的经历也让林总认识到，在品牌辨识度还不够高的情况下，以一款紧跟主流、只在外观上别出心裁的产品贸然进入已经非常成熟的传统 B2C 市场，很难一鸣惊人。要想打开 B2C 市场，首先应避免与现有 B2B 整机品牌客户形成竞争，在此基础上开发出区别于市场上现有的、真正具有创新性和竞争力的新产品，并挖掘出适合产品的新细分市场，才能赢得消费者的认可和青睐。

尽管集中释放的产能让行业暂时进入下行期，科技的进步却让显示变得无处不在。除了传统的电视、手机、显示器等产品外，显示的应用已经渗透到各行各业的方方面面，文化、广告、教育、交通等行业对显示产品的需求日益增加。物质水平的进一步提升也让国家开始高度重视文化艺术等软实力的发展，政府开始大力推行全民美育，希望通过审美教育的推广提升全民素质。2015 年《国务院办公厅关于全面加强和改进学校美育工作的意见》中明确提出全面加强和改进学校美育工作，优化美育资源配置。"十三五"规划中也提出要促进数字创意产业蓬勃发展，创造引领新消费，数字创意产业与新一代信息技术产业要一起成为国家"十三五"期间主要发展的领域。市场和国家政策的悄然转变让从事市场工作多年的林总敏锐地嗅到了契机，林总想，欣赏美、学习美、传播美，首先都需要看到美的作品，但是三天两头跑美术馆又不太现实，能否通过显示技术，让大家足不出户就看到美术馆中的作品呢？于是林总再次找到了老搭档查总，开始探讨新产品。

"查总，我们能否通过技术实现在屏幕上看到的油画和真正的油画非常接近，甚至以假乱真呢？"林总开门见山。

查总认真思考了一会儿，幽幽说道："我们有一个专利，叫无损伽马技术，可以保证显示器的 256 个灰阶完全显示，最大化地还原画面，但是还从未应用到产品上，或许可以尝试一下。"

原来，即便是在市场低迷的环境下，京东方也从未放弃自主创新，仍然保证把每年营收的 7% 作为研发费用，所以京东方技术成果丰硕，新增专利数量持续攀升。到 2016 年京东方累计自主申请专利超过 2 万件，累计专利授权超过 1 万件，可使用专利达到 5 万件以上，京东方的专利布局战略也由防御为主逐渐转向了攻防并济，而查总提到的无损伽马技术正是其中之一。为保证显示器性能，普通显示器都要经过伽马曲线校正，但校正后原有的 256 个灰阶会丢掉 11 个，导致显示屏幕的暗部基本上是模糊不清的。但无损伽马技术就可保证 256 个灰阶全部再现，显示效果细腻逼真，非常接近纸质效果，而且这种类纸的效果也减少了眼睛观看时的疲劳感。

查总的解释让林总又一次开启了对全新 B2C 产品的构想。林总的团队再次活跃起来，而这次团队没有再"赶工期"，而是扎扎实实地做产品，做市场和用户调研，做政策研究，大家都在齐心协力认真打磨新产品。

终于，2017 年 11 月，在京东方一年一度的全球创新伙伴大会上，京东方非常隆重地推出了新的 B2C 产品——BOE 画屏，"让艺术走进大众——BOE 画屏之夜"也成为这次大会上最受瞩目的单元（见图 1-3）。BOE 画屏是一款集艺术欣赏、艺术分享、艺术传播、艺术交易于一体的 32 英寸高清显示终端。它采用京东方独有的无损伽马专利，又叠加了防反射技术，最大限度还原了美术作品的色彩与质感，无论是油画的肌理还是水墨画的深浅，在画屏上都得到了原汁原味的呈现。即便长时间观看，类纸的效果也不会使眼睛觉得疲劳，防反光技术也保证了无论从正面还是从侧面观看，画面都一样逼真。

图 1-3　BOE 画屏

"显示美"的问题解决了，京东方还更进一步，解决了"美的来源"问题。为了向用户提供丰富的艺术资源库，京东方与美国大都会博物馆、俄罗斯冬宫、荷兰国立艺术馆、中国国家博物馆、中国美术馆、国家图书馆、芝加哥大学东亚艺术研究中心等 200 余家国内外博物馆建立战略合作，对一万多幅的作品进行高质量的数据采集，并同步开发了和画屏配套的画屏 App，把采集的数据同步上传至 App 客户端。这样用户通过 App 就可以轻松控制画屏，将在 App 上任意选择的各大博物馆的珍贵藏品实时显示在画屏上，随时随地切换显示，人们再也不必跋山涉水到世界各地挤在人山人海中观赏世界名作。另外画屏 App 还具有分享功能，用户可以上传自己的照片或者作品，也可通过 App 收藏购买其他用户的作品。

BOE 画屏开创了艺术显示市场的先河，通过显示端与 App 构建起了用户、内容、上传者、收藏者的艺术显示生态，用显示共享艺术、传播艺术，真正做到了用科技把美术馆搬回家。BOE 画屏不仅是显示与互联网的结合，更是科技与艺术的跨界。林总更愿意把它称作一个"移动的艺术馆"，笑称自己真是与"艺术"两个字有不解之缘。而"您身边的艺术馆"也成为了画屏的经典宣传语，为消费者带来无尽想象空间。

画屏在京东方创新合作伙伴大会上惊艳全场后，又凭借新颖的创意一举斩获 2017 年柏林国际电子消费品展览会本年度"IFA 产品技术创新奖"、2017 年中国电子信息博览会（CITE）"CITE 2017 创新产品与应用奖"、2016—2017 年度"显示产品创新应用奖"等一系列大奖。在定价上，画屏上市时售价为 2999 元，对于工薪家庭来说是一个非常容易接受和能负担的价格。在销售渠道上，除了在天猫、京东、京东方官网等电商平台同步上线外，京东方也在北京、上海等地建立了画屏线下艺术体验馆，并定制了多种家庭、亲子的体验活动，让消费者可以近距离体验到画屏显示效果的逼真和奇妙。这样线下线上联合推广，画屏的销路逐渐打开。

停不下的林总赶紧趁热打铁对画屏的产品线进行了延伸。在 2018 年的京东方创新合作伙伴大会上，第二代画屏——画屏 S2 发布亮相。相较于第一代画屏，第二代产品增加了智能感光技术和智能匹配模式，既可以根据环境光的强弱自动调节显示亮度，又可以根据不同的显示内容自动匹配不同的显示模式：若是油画，就突出颜色和层次感；若是素描，就突出线条感；若是国画，就突出渲染和纸质感。这是林总和众多艺术家交流后独创的技术，更加提升了"身边艺术馆"的沉浸体验。此外为了更好地发挥在家庭里的装饰属性，画屏 S2 的外框、屏幕内衬、电源线都做了颜色、结构和材质上的升级，为整个产品平添许多家居感，变得更有温度。除了硬件，画屏 App 也升级到了 3.0 版本，新增的识图功能完美解决了用户对于不熟悉的世界名作的搜索查找需求，平台也上线了艺术课程，欣赏美的同时又可以轻松学习美。AI 语音交互功能助手"小艺"的加入让画屏变得"可以说话"，App 的艺术定制版块也为用户和艺术家搭建了桥梁，用户可以在平台上选择心仪的艺术家为自己进行有偿艺术定制。升级后的画屏 App 强化了分享功能，通过 App 可以与远在千里之外的父母即时分享生活动态，温情的画屏缩短了亲情间的距离。除了画屏 S2，京东方还同时推出尺寸更小、分辨率更高的画屏 M2，更适合摆在书桌、床头等地方近距离观赏。

产品的多元化让 BOE 画屏的受众越来越多，上市一年后，画屏的用户就从北京、上海等核心城市扩散到沿海城市，到 2019 年画屏用户已经覆盖全国各地，人数突破 20 万人次。画屏 App 的作品数量也突破了 100 万件，作品累计推送量超过 500 万次，相当于为用户更换过 500 次画作。BOE 画屏的好评如潮让京东方终于在显示市场上开拓出一片属于自己的 B2C 新天地，京东方也被越来越多的消费者知道，林总终于舒展开了眉头。

不过"野心勃勃"的林总仍然觉得不够，他带领团队主动出击，与各大博物馆、艺术机构、学校等联手积极进行艺术宣传与普及：联合北京故宫博物馆进行"发现·养心殿——数字故宫体验展"、助力国家典籍博物馆"中华传统文化典籍保护传承大展"、亮相雅加达亚运会文化特展、入驻韩国平昌冬奥会之家，BOE 画屏和京东方的知名度在这些活动中得到不断提升。

同时，BOE 画屏也间接推动了数字化艺术的发展。2018 年，在文化和旅游部的指导下，由京东方牵头，联合中央美院、中国美术馆、北京邮电大学开始制订"数字化艺术品显示系统的应用场景、框架和元数据"（Scenarios, framework and metadata for digitalized artwork images display system）国际标准，同年 7 月该标准在国际电信联盟电信标准化组织（ITU）正式立项。画屏的成功，不仅仅体现在热度、销量，以及对美育培养、艺术宣传的积极作用上，更体现在京东方凭借这款产品成为相关领域的标准制定者，开始引领行业发展。

1.8 互利共生，2B、2C 模式共成长

一方面，画屏让京东方成功打开了 B2C 市场，对于京东方来说，这只是 B2C 业务的起点，京东方对 B2C 市场的"野心"远不止于此。另一方面，显示面板作为 B2C 业务的重要支撑，也从未停止前进的脚步。

在 B2B 业务上，京东方仍然坚定不移地将每年营收的 7% 投入产品研发中，坚持自主创新，科学布局产品结构，合理扩张产能，改进生产工艺，持续提升技术能力，优化供应资源，扶植拉动国内供应商成长，降低生产成本。这样的坚持不懈也换来了骄人的成绩，2019 年京东方在手机、平板电脑、笔记本、显示器、电视五大传统显示领域的显示面板出货量和市占率首次跃居全球第一，出货面积同比增长 45%。除了传统显示领域外，京东方也开始在车载显示、拼接显示、零售显示等新兴的显示领域发力。京东方 B2B 业务的目标，不再只是单纯地生产出更多的显示面板，而是科学地利用现有资源生产出性能更好、更绿色舒适、应用范围更广的高端显示面板。

在 B2C 业务上，京东方在画屏开拓的艺术显示细分市场持续领跑。2019 年，由京东方牵头制定的"数字化艺术品显示系统的应用场景、框架和元数据"标准正式获得国际电信联盟电信标准化部门批准发布，这是数字化艺术品显示领域的首个国际标准，填补了国际相关领域的空白，标志着全球数字化艺术品显示行业取得重大突破。画屏的成功给了林总极大信心，并收获了丰富的经验，林总始终对终端市场的"风吹草动"保持高度关注，希望能再挖掘出新机会，把画屏的成功经验复制到新的 B2C 产品上。

健康显示便是时下的火热话题。随着电子产品的普及，人们使用电子产品的时间越来越长，尤其是电子产品用户低龄化让很多家长开始担心孩子的视力健康，但是市场上暂时还没有针对儿童的护眼显示产品。

林总迅速捕捉到了这个市场机遇，恰逢查总带领研发的低蓝光显示面板即将量产，这种显示面板在保证显示效果的同时可以有效减少蓝光对眼睛的伤害，查总已经在向第三方权威机构申请技术认证。

于是林总的团队再一次活跃起来。有了画屏的经验，整个团队已经变得非常默契。很快，新的 B2C 产品——BOE Funbook 儿童护眼双语阅读器被推出（见图 1-4）。查总之前提到的低蓝光护眼技术已经获得第三方机构德国 TUV 莱茵和 Eyesafe 双认证，这项技术可以在保证显示效果的同时有效减少面板有害蓝光对人眼带来的伤害，是一种非常有效的健康显示方案，这也是 BOE Funbook 用到的核心技术。另外 Funbook 还搭载了适合儿童的中英文阅读及测评体系，可以提供丰富的双语图书资源。面板制造的行业地位和画屏的成功让京东方的品牌越来越响亮，有了消费者的认可，Funbook 推销起来也比画屏顺利了许多，学习和护眼合二为一的产品卖点更是深受家长好评。

图 1-4   BOE Funbook 儿童护眼双语阅读器

从 Funbook 这样的产品可以看出，京东方 B2B 业务实力的不断提升为其 B2C 业务的拓展提供了更多可能，而 C 端客户的需求不仅可以拉动京东方 B2B 业务的物量，更可以刺激显示面板技术的快速升级，以此更好地匹配终端市场。京东方在 2B 与 2C 端脚踏实地又勇于创新的态度，让两个市场的业务相辅相成，稳健成长。林总相信在全球互联网浪潮和物联网的崛起下，未来显示屏幕将成为信息交互的重要端口，利用京东方越来越优质的显示面板，一定可以满足更多样的用户需求，开发出更多元的 B2C 产品。

1.9 尾声

随着综合实力和知名度的提升，京东方也变得越来越"高调"。2019 年中华人民共和国成立 70 周年庆典上，京东方联合新华社共同实现了从拍摄、传输、制作到显示的多地 8K+5G 直播，新华社和梅地亚中心的所有媒体都通过京东方的 110 英寸 8K 超高清显示屏观看到了国庆典礼，同时上海世贸广场也收到了 8K 高清画面的实时传输画面。在国庆当晚的联欢节目中，令人震撼的可折叠光影屏也全部来自京东方。这些活动让知道京东方的人越来越多，京东方的品牌影响力也越来越大。

2020 年，人们习以为常的生活和工作方式被疫情全部打乱，居家隔离、线上办公、线上学习变成了新常态。而生活和工作习惯的改变和居家时间的延长反而刺激了显示产品的需求，B2C 产品画屏和 Funbook 凭借其健康及便捷的线上互动优势，销量屡创新高，仅 2020 年第一季度销量和营收就同比增长一倍。同时 B2B 的显示面板也供不应求，到第三季度主流面板价格上升超过 60%，京东方的业绩不断刷新。疫情这只黑天鹅给京东方带来了机遇，京东方不断调整生产结构，积极布局，希望再创新高。

2020 年 9 月 23 日，京东方发布公告收购中电熊猫南京 8.5 代线和成都 8.6 代线，自此，京东方拥有了 5 条 8.5 代线、1 条 8.6 代线和 2 条 10.5 代线，彻底坐稳了显示面板之王的宝座。在全球最大的显示面板产能平台上，更多元化的产品规划和商业模式也将拉开序幕。展望京东方的未来，林总的目光中充满了坚定与希望……

启发思考题

1. 京东方为什么尝试开展 B2C 业务？
2. 京东方最初为 B2C 业务制定了怎样的战略及策略？效果如何？
3. 京东方首次在 B2C 业务尝试失败后，进行了哪些调整？效果如何？
4. 京东方如何实现多元业务共同发展？
5. 京东方 B2C 业务的发展给我们哪些启发？

案例分析

1. 分析思路概述

营销模式的选择和新产品开发战略的制定是市场营销中的重要议题，也是"营销管理"课程的核心内容之一。本案例以京东方在其原有的 B2B 显示面板业务的基础上寻求商业模式多元化转型、逐步开发出适合 B2C 市场的新产品并探索出一套 B2B 与 B2C 模式并行的营销模式的过程为故事主线，对该公司选择这一营销模式的原因、新产品开发战略、相应营销策略的制定及其效果等方面进行深入分析和探讨，试图使读者理解和掌握以下三方面内容：

（1）理解不同的营销模式分别具有怎样的特点与适用条件；

（2）掌握新产品开发战略的不同类型及特点；

（3）探讨高新技术企业应如何选择适合自身情况的营销模式、新产品开发战略，并设计相应的营销策略。

2. 案例分析关键要点

1）关键点

京东方在其较为成熟的 B2B 显示面板业务的基础上，出于公司进一步发展的整体考虑决定进军 B2C 业务，但是其初始的 B2C 业务在新产品开发战略及营销策略上缺乏有效的设计，效果并不理想。京东方后来通过对其 B2C 业务的目标市场细分和新产品开发战略等做出一系列调整，才在 B2C 市场上闯出了一席之地。

2）关键知识点

营销模式、新产品开发战略、营销策略、多元化战略。

3）能力点

分析与综合能力、批判性思维能力和解决实际问题的能力。

3. 相关理论知识点

1）B2B、B2C 商业模式

B2B 和 B2C 是电子商务模式中的两种主要模式，电子商务是指以互联网为平台和依托，通过电子交易方式进行的商业活动。

B2B（business to business）是指企业与企业之间通过互联网进行产品、信息、服务等交换的商业活动，它的特点是交易双方均为企业，通过互联网平台交易可降低企业运营成本，提升运营效率，一般处于行业中间环节的生产制造商通常采用 B2B 的商业模式。

B2C（business to customer）是指企业与消费者之间通过互联网进行的商业活动，在 B2C 模式下企业可以与消费者建立直接联系，既为消费者提供了便捷的消费方式，也为企业提供了提升客户黏性、扩大品牌影响力的有效途径，随着我国互联网、电子产品以及物流产业的高速发展，我国的 B2C 商业模式的发展呈现出繁荣景象。

2）波特五力模型

波特五力模型（Porter's five forces）由迈克尔·波特（Michael Porter）在 20 世纪 80 年代提出，将企业在整个产业链中的竞争环境归纳为五个方面：行业内竞争者的竞争能力、上游供货商的议价能力、下游客户的议价能力、潜在进入者的威胁、替代品的替代威胁。管理者通过对企业上下游环境的充分分析和综合评估，科学地制定竞争战略（见图 1-5）。

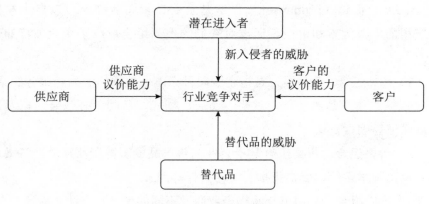

图 1-5　波特五力模型

3）SWOT 分析

SWOT 分析是一种企业常用分析工具。通过分别识别企业面临的内外部因素，包括优势（strength）、劣势（weakness）、机会（opportunity）和威胁（threat），企业可以形成 SO、ST、WO、WT 四种类型的战略选择，进而帮助企业确定其发展战略。

4）新产品开发战略

新产品开发战略是指通过改良现有产品或开发新产品来扩大销售量的战略。新产品开发战略的核心是激发顾客的新需求，以高质量的新品种引导消费潮流，它主要包括：

（1）**领先型新产品开发战略**。指企业首先研发新产品，并将产品率先投入市场，从而获得行业先行者的优势，确保技术和产品双领先地位的一种开发战略。采用这种战略时，通常投资金额高，研究工作量大，产品评估时间长。

（2）**跟随型新产品开发战略**。指企业密切关注市场上刚出现的新产品，当市场上出现较好的新产品时，进行仿制并加以改进，迅速占领市场的战略。对于企业来说，采用这种战略时投资相对较少，成本相对较低，企业自身所要承担的风险也相对较小。

5）4P 营销策略

4P 营销策略由美国营销学大师麦卡锡教授于 20 世纪 60 年代提出，是营销策略研究的基础。其中 4P 分别指产品（product）、价格（price）、渠道（place）、促销（promotion），这是企业在营销活动中可以自由掌控并灵活应用的主要因素和手段，通过对它们的不同组合形成了企业独特的营销策略。

（1）产品组合。 产品组合是指企业向目标市场提供的产品和服务的集合，它主要包括实体产品的功能、规格、品质、样式、品牌、外包装，以及服务和售后保证等因素。

（2）价格组合。 价格组合是指企业销售产品或服务所获得的经济效益，它主要包括基本定价、促销折扣、支付条件等因素。

（3）分销组合。 分销组合是指企业通过不同的地点、方法、途径、存储、物流等环节和活动以达到产品或服务销售的目的，它主要包括分销渠道、库存管理、仓储设施、物流规划等因素。

（4）促销组合。 促销组合是指企业为达到宣传与销售的目标通过各种媒介载体对产品或服务进行的传播、推广活动，它主要包括广告、自媒体推广、促销活动、公共关系等。

6）STP 理论

STP 理论又称市场定位理论，最早由美国温德尔·史密斯教授在 1956 年提出，后又经过营销学家菲利浦·科特勒发展和完善，最终形成现在的 STP 理论。S、T、P 分别是 segmentation、targeting、positioning 的首字母，该理论指出市场是一个多结构、多变、多元的复杂综合体，企业若想准确迅速地开拓市场，就应该从统一的维度把市场细化为若干更小的市场，并从若干更小的市场中选择具有发展前景且适合自己的作为目标市场，最后针对目标市场消费者的偏好开发相应的产品和服务，以此获得市场开拓的成功。

7）多元化战略

多元化战略又称多角化战略，是一种相对于专业化战略而言的企业经营战略，主要指企业为了开拓新市场、获得更多市场份额，或为了规避单一事业的经营风险而开拓新事业领域的战略。多元化战略又具体分为同心多元化、水平多元化、垂直多元化、复合多元化四种类型。

（1）同心多元化战略。 指企业利用现有的生产技术条件，生产制造与现有产品类似的新产品，新产品虽与原产品不同，但具有较强的技术关联性。

（2）**水平多元化战略。**也称横向多元化战略，是指企业生产制造新产品并销售给原有市场客户，以满足客户的新需求，新旧产品之间具有较强的销售关联性。

（3）**垂直多元化战略。**也称纵向多元化战略，具体来说又分为前向一体化和后向一体化两个方向，前向一体化是指企业向自己产品的消费行业扩展，后向一体化是指企业向原材料、零部件等行业发展。

（4）**复合多元化战略。**也称整体多元化战略，它是指企业将经营范围向与现有产品和服务、技术、市场无关的领域拓展。复合多元化战略的实施需要具备充足的资本和丰富的社会资源，因此多为实力雄厚的大企业所采用。

8）差异化战略

差异化战略，也称差别化战略，主要指企业为了突出竞争优势，在产品、服务、价格、形象等方面与竞争对手具有明显差异而采用的战略。差异化战略有利于打造品牌形象，提升消费者的品牌忠诚度，是帮助企业获得更高利润的有效竞争战略。

4. 案例思考及分析

1）京东方为什么尝试开展 B2C 业务？

根据波特五力模型相关理论，分别分析京东方所在的显示面板行业在 B2B、B2C 市场上的五力情况。由此可以发现相对于 B2B 业务而言，B2C 业务在潜在进入者、供应商、行业内竞争者、客户和替代商品五个影响因素上都有较显著优势，具体分析思路如图 1-6、图 1-7 所示。

利用 SWOT 模型分析京东方企业自身内外部环境对企业进入 B2C 市场的优劣、机会和威胁，可提出四种不同的企业发展战略（如图 1-8 所示）。综合评估京东方的内外部情况可以发现，京东方应选择以 SO 战略为主的发展战略，通过进入 B2C 市场，进一步发挥在行业中的种种优势，满足消费者想要使用更高端、更多元化的终端显示产品的需求。

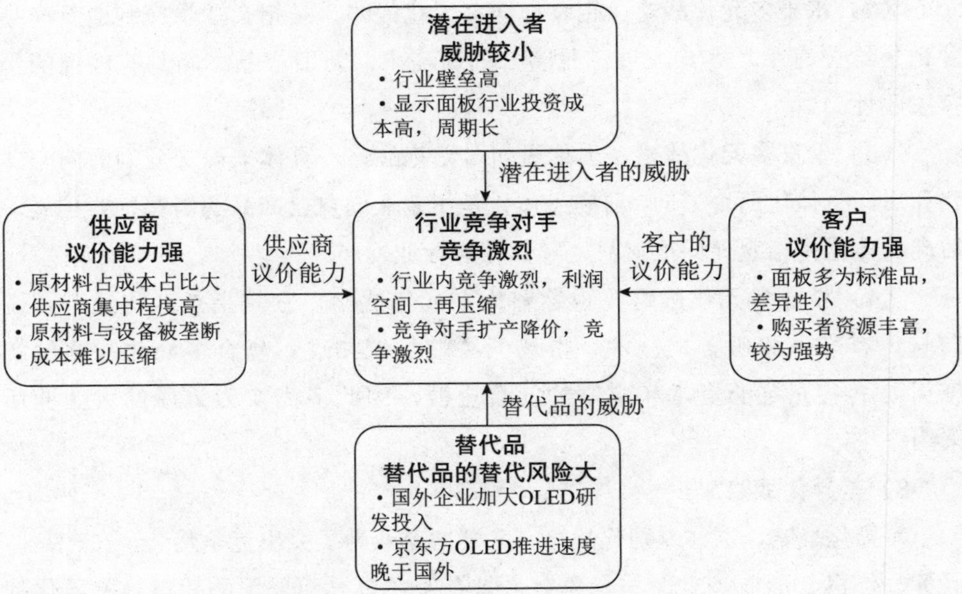

潜在进入者
威胁较小
- 行业壁垒高
- 显示面板行业投资成本高，周期长

潜在进入者的威胁

供应商
议价能力强
- 原材料占成本占比大
- 供应商集中程度高
- 原材料与设备被垄断
- 成本难以压缩

供应商议价能力

行业竞争对手
竞争激烈
- 行业内竞争激烈，利润空间一再压缩
- 竞争对手扩产降价，竞争激烈

客户的议价能力

客户
议价能力强
- 面板多为标准品，差异性小
- 购买者资源丰富，较为强势

替代品的威胁

替代品
替代品的替代风险大
- 国外企业加大OLED研发投入
- 京东方OLED推进速度晚于国外

图 1-6 波特五力分析——B2B 市场

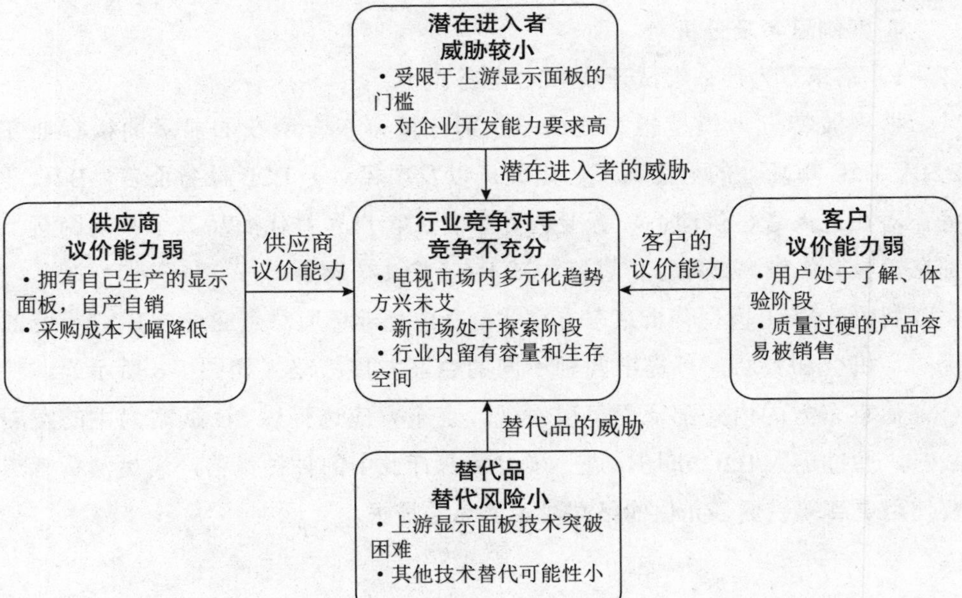

潜在进入者
威胁较小
- 受限于上游显示面板的门槛
- 对企业开发能力要求高

潜在进入者的威胁

供应商
议价能力弱
- 拥有自己生产的显示面板，自产自销
- 采购成本大幅降低

供应商议价能力

行业竞争对手
竞争不充分
- 电视市场内多元化趋势方兴未艾
- 新市场处于探索阶段
- 行业内留有容量和生存空间

客户的议价能力

客户
议价能力弱
- 用户处于了解、体验阶段
- 质量过硬的产品容易被销售

替代品的威胁

替代品
替代风险小
- 上游显示面板技术突破困难
- 其他技术替代可能性小

图 1-7 波特五力分析——B2C 市场

内部分析

外部分析	优势（S） 1. 产能充足，行业地位领先 2. 拥有稳定、广泛的客户群体，客户对面板产品认可度高 3. 具有一定的研发经验和技术储备	劣势（W） 1. 依赖规模效应，产品附加值低 2. 单一业务经营风险大 3. 缺乏有效的品牌宣传
机会（O） 1. 面板行业技术壁垒、投资壁垒高，潜在进入者威胁较小 2. 人们对更高性能显示产品的追求上升，终端显示产品趋向高端、多元化	SO 战略 1. 利用产能优势及技术储备提高技术壁垒，尽可能阻止新进入者（S1,S3,O1） 2. 深入分析经济发展带来的 B2C 端新需求，凭借技术积累开发有竞争力的新产品（S3,O2） 3. 凭借行业对面板的高度认可，利用开发新产品的机会将品牌影响力扩展到更广阔的市场（S2,S3,O2）	WO 战略 1. 凭借经济和互联网发展带来的新需求，提高产品附加值（W1,O2） 2. 加强品牌宣传推广（W2,O2）
威胁（T） 1. 对面板上游供应商议价能力较弱，成本降低困难 2. 大陆企业液晶面板生产线逐步兴建，存在产能过剩风险	ST 战略 1. 研发品质更好、不良品率更低的新产品，降级生产成本（S3,T1） 2. 优化产品结构，与客户签订长期稳定的合作协议，确保产能有效利用（S1,S2,T2）	WT 战略 1. 精细化管理生产，有效控制成本（W1,T1,T2） 2. 深入分析 B2B 市场需求，挖掘对品质要求不高的中低端客户以消耗产能（W2,T2）

图 1-8　京东方 SWOT 分析

2）京东方最初为 B2C 业务制定了怎样的战略和策略？效果如何？

京东方首次拓展 B2C 业务选择推出新产品 BOE Alta 电视时，以高收入人群为主要目标用户，希望在高端显示终端的市场中打下一片天地。结合新产品开发战略、4P 营销策略相关理论，分析京东方在这次业务拓展中制定的战略、策略，并综合分析其实施效果，参考思路如下。

（1）新产品开发战略分析

结合案例故事可知，京东方在开发 BOE Alta 时采用了跟随型新产品开发战略，原因主要包括：

①大尺寸、高分辨率电视成为市场热门产品：2015 年互联网的蓬勃发展和显示面板技术的逐渐成熟使大尺寸、高分辨率的电视成为电视市场的主流。

②**面板技术成熟，进军终端电视市场难度小**：京东方已经具备了成熟的大尺寸、高分辨率面板生产技术及生产经验，进入电视市场难度较小。

③**开发成本相对较低，开发周期相对较短**：由于具备成熟的面板资源，加上面板与电视整机在设计方面有很多相同之处，使开发周期大大缩短。

（2）**4P 营销策略分析**

京东方为了迅速打入 B2C 市场，采用跟随型产品开发战略。下面分别从产品、价格、渠道、促销四个方面分析 BOE Alta 的营销策略，参考思路如下：

①**产品组合——单一的 Alta 产品线**。京东方最初只是跟随市场主流开发出着重于外观设计的 Alta，将所有的营销都集中在 Alta 一个产品上，而较低的品牌知名度使销售受挫。后生产的 Alta Max 除了尺寸变大外并未衍生出太多新功能，Alta 的独特外观也逐渐失去吸引力。

②**价格组合——高端的定位，高端的价格**。Alta 的目标市场定位为高端市场，外观设计、材料选择使上市售价是当时市场同类产品的近乎两倍，并且没有推出任何优惠折扣或分期付款方式。即使是高消费人群，将电视用做装饰的成本也不低，只能持观望态度。

③**渠道组合——尚不成熟的分销渠道**。Alta 最初只能通过京东方官网或者官方微信下单购买，物流覆盖范围小，配送不灵活，也没有成熟的分销渠道和分销商可以协助加速产品推广。

④**促销组合——媒体代言人亦难打破消费者的品牌偏好**。为了宣传首款 B2C 产品，京东方邀请某演员作为产品代言人，同时与各大媒体合作为 Alta 进行测评。但还是不敌多年以来形成的品牌效应。而且代言人后来的个人负面新闻也对品牌和产品推广造成了不利影响。

（3）**实施效果分析**

综合上述分析，京东方采取了跟随型新产品开发战略，旨在抓住大尺寸高分辨率电视的热潮，然而 B2C 市场的开拓并未收到预期的效果，主要表现在以下方面：

①**产品研发思路存在误区，研发成本过高**。京东方在开发 BOE Alta 时，把设计重心放在了产品外形上，花费了极大的设计、生产和时间成本，导致一款跟随型战略下开发的新产品售价比市场上的成熟产品高出近一倍的价格，战略失效。

②**目标市场容量过小，难以形成销量**。在目标市场和用户选择上，京东方对高端市场的客户需求把握不够准确，草率地把目标定位在了高端市场，导致目标人群太过小众，市场规模存在巨大局限性。

③**品牌宣传力度不够，品牌影响力较弱**。在 B2C 市场上，大部分消费者对京东方非常陌生，邀请代言、网络宣传的效果在短时间内也难敌现有成熟品牌多年的品牌效应。过低的品牌识别度导致 Alta 销量低迷。

④**B2C 产品与 B2B 业务客户市场冲突，牵连 B2B 业务**。基于 B2B 业务开拓电视市场的 B2C 业务，在自己供应商的角色上又添加了竞争者的属性。这为 B2B 业务的客户带来了极大的担忧和信任危机，使 B2B 业务的客户只能加强在 B2C 电视市场的防守并减少从京东方采购面板的份额，以降低供应风险。这不仅影响了京东方原有的 B2B 业务，也为京东方进入 B2C 市场增加了难度。

3）京东方首次 B2C 业务尝试失败后进行了哪些调整？效果如何？

京东方首次拓展 B2C 业务失败后，在目标市场细分、新产品开发上都做出了一定调整。结合 STP 策略和新产品战略相关理论，分析京东方第二次 B2C 业务的策略及效果。参考思路如下。

（1）STP 策略对比分析

对比分析京东方前后两次进入 B2C 业务的 STP 策略，可见京东方在市场定位、目标市场选择、市场细分上都做出了调整，起到了一定改善作用（见表 1-1）。

表 1-1　京东方两次 B2C 业务的 STP 策略对比分析

STP 策略及效果	第一次进军 B2C 市场	第二次进军 B2C 市场
市场细分（segmentation）	高端电视市场：55 英寸 4K 分辨率，外观设计新颖；普通电视市场：55 英寸以下，4K 分辨率以下，外观设计普通	传统显示市场：电视、显示器、笔记本等；创新显示市场：艺术显示、健康显示等
目标市场选择（targeting）	高端电视市场	艺术显示市场
定位（position）	BOE Alta：55 英寸 4K 分辨率、一纵一横外观设计，选材讲究，设计追求极致，最大化匹配小资人群家装风格	BOE 画屏——您身边的艺术馆：无损伽马技术，类纸显示效果，防反光，对世界多家知名博物馆作品进行数字采集，为画屏提供了丰富的艺术资源
效果	B2C 业务失败，并影响了 B2B 业务	B2C 业务成功，并牵头制订艺术显示行业标准，品牌知名度显著提升

（2）新产品战略分析

对于京东方这样行业地位领先、具有一定行业话语权、重视创新、研发投入力度大、自身产能充足的大型企业来说，**领先型新产品开发战略是新产品开发时的最佳选择。**在第二次进军 B2C 市场时，京东方舍弃了原有的跟随型新产品开发战略，转而选择了领先型新产品开发战略。主要原因在于：

● 京东方拥有强大的开发团队、充足的开发经费、丰富的开发经验。

● 领先型的新产品更具竞争力，有利于赢得更好的经济效益。

● 领先型新产品的推出也可带动行业革新升级，进一步挖掘新需求，开拓新市场。

2016 年，京东方以 1673 件全球国际专利申请量位列全球第八，可使用专利达到 5 万件以上，其中一项重要的专利就是无损伽马技术。京东方的无损伽马技术能保证显示器的 256 个灰阶全部再现，显示效果细腻逼真，非常接近真实纸张。这项技术为京东方开发领先型新产品提供了先决条件。

（3）实施效果分析

京东方也挖掘出了艺术显示的新型细分显示市场，开发出 BOE 画屏这样的领先型新产品。科技与艺术相结合的产品和合理的定价成功勾起了消费者的购买欲，市场反响热烈。在画屏的宣传上，京东方也更有针对性地面向美育教育、艺术宣传等领域，积极与相关组织联手，使画屏的人气和京东方的品牌知名度与日俱增，京东方新的 B2C 产品终于在新的细分市场上大放异彩。

4）京东方如何实现多元业务共同发展？

结合多元化战略和差异化战略相关理论，分析京东方第二次尝试拓展的 B2C 业务，在细分市场大获成功之后，实现多元业务共同发展的过程。

（1）多元化战略分析

依据多元化战略分析的相关理论，分析京东方 B2C 业务拓展过程，可以发现京东方采取了典型的垂直多元化战略，实现了向前一体化，成功拓宽了京东方在显示面板行业中所能够承揽的业务范围。参考分析思路如图 1-9 所示。

（2）差异化战略分析

在多元化战略之外，京东方在 B2C 业务上的成功拓展也得益于差异化战略的成功实施。

● *BOE 画屏产品：瞄准艺术显示市场。画屏与普通产品存在很大差异，*

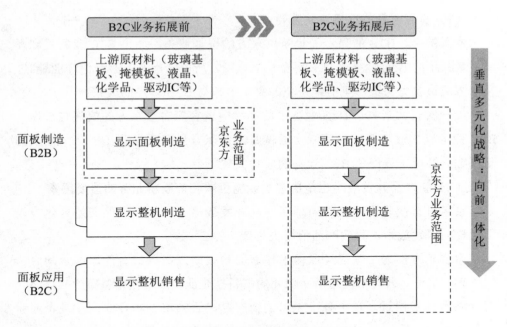

图 1-9　京东方多元化战略示意图

画屏的效果更接近真实纸张，可以非常逼真地呈现各种艺术作品。
第二代画屏中加入了智能感光和智能匹配模式，还配套开发了画屏
App，替消费者解决了艺术作品来源的问题。

● BOE Funbook 产品：瞄准儿童健康显示市场。率先使用对眼部最友好
的低蓝光面板。针对儿童的学习需求，BOE Funbook 搭载了适合儿童
的中英文阅读、测评体系和丰富的双语阅读资源。

京东方通过技术和设计创新打造差异化的产品，让 BOE 画屏和 BOE
Funbook 在不同的 B2C 细分市场上占据一席之地，真正帮助京东方打开了
B2C 市场。

5）京东方 B2C 业务的发展给我们带来哪些启发？

本案例中，京东方作为显示产业链中游的典型 B2B 企业，利用其在 B2B
业务上积累的技术和优势，经过准确的市场机会识别和目标市场定位，取得
了 B2C 业务开拓的成功，并达到 B2B 与 B2C 业务相辅相成的效果。分析讨
论该案例带给我们的启发，参考思路如下：

（1）目标市场的选择至关重要

本案例中，B2B 的显示面板是京东方的根基业务，如果 B2B 业务受到影响，新开拓的 B2C 业务也势必不会一帆风顺。所以向行业下游延伸产业链时，京东方应该首先考虑尽可能地避免冲突，维护与 B2B 客户的关系。

第一次尝试影响了 B2B 业务下的品牌电视客户对京东方的信任与合作，B2C 业务以失败告终。而第二次尝试时，京东方另辟蹊径开拓了艺术显示的新兴细分领域，取得了 B2C 业务的成功突破。

（2）新产品开发战略也是决定企业能否顺利拓展新业务的重要因素

京东方首次采用的是跟随型新产品开发战略，但却为了保证差异化投入了大量的研发成本，导致产品价格失去竞争力。

而京东方作为一家已经取得了显著的科技研究成果、有深厚技术功底、营收超千亿元、公司市值逾两千亿元的高科技企业，采用领先型新产品战略，充分利用技术积累开发出独一无二的新产品，引领市场和行业，才是企业新产品开发的上策。

5. 推荐阅读

[1] Osterwalder, Y. Pigneur. Clarifying Business Models: Origin, Present and Future of the Concept[J]. Communications of the Association for Information Systems, 2005(16): 1-25.

[2] Turban E, Whiteside J, King D, et al. Introduction to Electronic Commerce and Social Commerce[M]. Berlin: Springer, 2017.

[3] Mahadevan. Business Models for Internet-Based E-Commerce: An Anatomy[J]. California Management Review, 2000(4): 55-69.

[4] A. Afuah, C. L. Tucci. Internet Business Models and Strategies: Text and Cases[M]. 2nd ed. Boston MA: McGraw-Hill/Irwin, 2001: 32-33.

[5] H. Chesbrough, R. S. Rosenbloom. The Role of the Business Model in Capturing Value from Innovation: Evidence from Xerox Corporation's Technology Spin-off Companies[J]. Industrial and Corporate Change, 2002, 11(3): 75-89.

[6] J. Magretta. Why Business Models Matter[J]. Harvard Business Review, 2002(5): 86-92.

[7] 菲利普·科特勒. 营销管理 [M]. 15 版. 上海：上海人民出版社，2016.

[8] Alt, Zimmermann. Status of Business Model and Electronic Market Research: An Interview with Paul Fimmers[J]. Electronic Markets, 2014(24): 235-241.

第 2 章　东西分析售后服务转型之路

摘　要：近年来，在精密仪器制造领域，随着国内外企业的竞争愈加激烈，售后服务已经成为各企业争相掠夺客户资源的"新焦点"和"新战场"。随着各企业在售后服务方面的投入不断增长，售后服务似一柄双刃剑，让企业在俘获越来越多忠诚客户的同时，也逐渐背负越来越重的企业成本。中国精密仪器制造业的领军企业东西分析仪器有限公司（以下简称东西分析），在国内竞争对手价格优势和国外竞争对手服务优势的双重压力下，逐渐意识到对售后服务进行转型的迫切需求。在这个过程中，东西分析面临了怎样的困难？使用了哪些手段来实现售后服务转型？最终达到了怎样的效果？该案例有利于增强企业处理售后服务问题的能力，提高售后服务满意度，并为精密仪器制造企业的售后服务转型提供一些理论依据及现实参考。

关键词：精密仪器、服务转型、服务营销、内部营销

2.1　引言

2011 年，中国精密分析仪器市场迎来了百花绽放、百家争鸣的重要时代。在东西分析、北分、普析、上

分、天美、福立等一批国产品牌纷纷崛起的同时，岛津、安捷伦、PE、赛默飞、BC 等一批长期占据中国市场的国际品牌也加大了对国产品牌的围剿力度。各企业都使出浑身解数，力求抢占行业先机，巩固现有阵地，拓展市场版图。曾作为国产仪器领军企业的东西分析，在日渐激烈的外部竞争下销售业绩滑坡，家族制的内部管理导致员工积极性不足，企业成本飞速增长。值此危难之际，李总归国，临危受命，引领各部门开启东西分析的改革之路。其中的重要举措，便是进行售后服务部门转型，在提高服务满意度、俘获忠诚客户的同时，逐渐降低运营成本，提高售后服务的盈利能力，以此扭转企业颓败之势，重新腾飞发展。

2.2　东西分析

　　东西分析成立于 1988 年，是发展多年的高新技术企业，在仪器研发、制造及服务等方面都具有优势。在多年发展过程中，东西分析持续提升产品创新能力，从以前的单一产品发展出如今多样化的产品，相关仪器和配套设施的种类也愈加丰富，在行业内具有很强的竞争力。

　　在 2011 年之前，中国精密仪器市场长期被进口品牌霸占。进口品牌质量好、服务好，但价格普遍较高；尽管国产仪器价格低廉，但产品故障率高，售后服务较差。相较之下，进口仪器的口碑更好，顾客满意度更高，因此占据了半壁江山。在这种大环境下，国内各厂商纷纷加大了售后服务的投入，由于精密仪器制造业的特殊性，普遍存在对专业人才要求高的问题，而实际从事此行业的技术人员十分稀缺，导致企业频频陷入困境。东西分析也未能幸免于难。

2.3　国内市场危机重重

　　自 2008 年毒奶粉事件后，人们对食品安全的重视程度空前高涨，相应地，市场对相关精密仪器的需求也急剧增加，同时对产品提出了更高要求，希望在产品售出后仍有专业售后技术人员对客户的检测需求提供全套解决方案。而在当时，东西分析售后服务对此类服务项目缺乏整合和系统性的规划，难以对客户提出的要求迅速响应，使问题日益加重，直至将市场销售拖入泥潭，终于引起公司重视。2011 年 5 月初，李总接到销售总监杨立的电话反馈："最近销售业绩下滑严重，客户购买咱们的仪器后，有很多疑问得不到解答，造成测量数据不准确，严重影响使用感。而且这种不良后果在市场上传播太快，售后服务的缺陷已经严重影响了市场销售。"这通电话让李总意识到，售后服务部的问题已经深埋于整个业务中，成为组织的严重问题，亟待改革。

随着客户需求越来越多元化、层次化、专业化，现有的传统售后服务与客户期待的服务相去甚远，服务满意度降低，市场反馈愈发低迷。同时，在售后服务部门中，由于技术人员工资不高，导致人才流失严重；员工对企业归属感不强，工作消极怠工；经过培训的技术人员工作不了多久就会被猎头挖走，因此被同行戏称为"培训学校"。在这个艰难的时期，李总果断启用小张，令其挑起售后重担，深入贯彻售后服务转型的思路。小张毕业于名牌大学，自毕业后来到东西分析已有十年，做过研发，做过质检，被调到售后服务部后从一线干起，积累了大量一线经验，对客户怨声深有感知，后升任调度。被李总升任为部门经理后，小张积极推进售后服务部门转型，一场企业增长转型革命就此展开。

2.4　内部增长行动初想

2011 年 6 月 14 日，李总给小张发了第一封邮件，拉开了售后服务转型的序幕。经过两个月的讨论，最终推出《售后服务转型整改计划》，将原售后服务中心进行服务转型，在一定程度上实现独立核算。希望通过"权、责、利"的统一，更有效地利用人力资源；激发售后服务人员的工作积极性，提高服务满意度；降低企业服务成本，增加企业总收入。

售后服务部重新制定了核心目标：服务市场、客户满意、完成目标、收支平衡。为尽快落实改革方案，改善现有服务状态，提高客户满意度，改善销售困境，小张逐渐有了新的想法。

最近小张总是接到一些客户的电话，咨询是否能够帮助他们完成定期的测量任务，也就是产品的质控检查。其主要原因是人们对食品安全、环境污染越来越重视，政府因而加大对生产型企业的监管力度，要求生产型企业必须购买相应的检测仪器，对产品进行定期质检。但是这些生产型企业缺乏相关技术人员进行设备的操作，东西分析的售后技术人员又缺乏这方面的服务经验，导致客户购买仪器后缺乏指导，难以操作，无法起到原定的检测和监控作用。很多企业因此被质检部门勒令停产整顿，客户着急，小张更心急。与此同时，最近小张接到的与仪器使用相关的投诉电话也越来越多。秦皇岛客户投诉做室内环境污染物甲醛检测时结果不准确，但技术人员只知道仪器本身的使用操作，并不了解根本原理和方法，所以很难给予客户深层次指导。针对客户的这些个性化、专业化的服务需求，小张跟李总汇报后，计划增设服务产品类型，包含测量任务服务、方法服务，认证服务等多种特色服务。

此外，随着产品种类越来越多，客户需求也越来越多样化，普通技术人员逐渐难以满足客户的需要，为此小张决定对技术人员进行多技能培训，解决技术人员能力专一、人数短缺的问题。技术人员短缺的另一个原因是居高不下的离职率，小张了解到这是由于很多人离家较远，不能经常回家导致的，为此售后服务部计划对技术人员进行区域化管理，以便让其在工作之余能更好地照顾家庭。同时，区域化管理也拉近了技术人员与客户的距离，让技术人员能更好地了解当地客户的需求，及时解决问题，提高服务效率，从而进一步提升客户满意度。区域化的管理模式也减少了技术人员往返北京的次数，一定程度上减少差旅费用。经过仔细思考，小张认为区域化管理十分必要。

经过两个月的思考，小张的售后服务部转型思路初现雏形。对内需要提高服务人员的工作积极性，对外需要满足市场多元化、专业化的服务需求，希望能在一定程度上改变原有传统售后服务的性质。而这种售后服务转型，虽然在进口仪器企业中屡见不鲜，但在当时国内精密仪器行业中还未曾有过先例，要想改变国产仪器现状，提高公司内部人员意识，改变客户认知，还需要一个漫长的过程。

2.5　四年践行经历失败

计划制订好后，小张全身心投入实践，对外对内双管齐下。

对外，小张积极与客户沟通，尽力响应来自客户、销售的各种需求，大力宣传新服务方式。对于近年来出现的食品安全热点，如三聚氰胺检测、瘦肉精检测、镉大米检测、增白剂检测等，均称可以帮客户现场解决问题。2014 年 5 月的一天，小张突然接到一通投诉电话："你是东西分析售后服务部吗？我要投诉，你们的仪器做增白剂检测的结果一点都不准确，我们公司都被质监局撤销检验资格了。你们当时承诺设备可以做这个项目，结果你们技术人员自己在现场都做不好，我们要退货。"面对客户的怒气，小张很是无奈，退货不仅导致公司经济受损，更会影响行业口碑。这起事件让售后服务部门意识到，宣传推广远远无法解决转型面临的真实问题，技术人员培训没有落实导致服务不到位，才是问题的关键。

对内，小张在新制度的推行上也遇到了重重阻力。一方面，技术人员认为多技能培训会增加他们的工作量，不愿意参加培训，内部培训积极性差，服务专业性和服务水平停滞不前。另一方面，售后技术人员出差时常常遇到不友好对待，甚至有些办事处的销售人员不允许售后技术人员进入办事处办公或住宿，原因是各办事处运营成本由当地销售经理负责，他们认为售后服务部的费用应由公司承担，不应占用他们的资源。不能在办事处办公和居住，导致技术人员在当地没有工作需求时只能在外住宾馆，导致售后技术人员工作体验差，工作更加懈怠，同时也使售后服务成本增加。技术人员的不理解、销售人员的不支持，让售后改革之路变得异常艰难。

四年时间，各种政策的落实层层受阻，问题接踵而至。技术人员多技能培训的配套激励政策没有落实，造成人员对组织的不信任；区域管理制度由于调研不充足，导致销售不配合、安排不合理；管理与实际情况脱节，几个重要的技术人员也提出了离职，让本就紧张的局面雪上加霜。一天，李总把小张叫到办公室，打开一张图片，一名技术人员身穿短裤、拖鞋在现场维修仪器的照片映入眼帘。李总说："这样的事情应该不少，现在人员散布各地，人员管理尤为重要，这样的服务状态如何能赢得客户的尊重，又怎能提高公司的形象？另外，这段时间技术人员已经走了五个了，你要好好地查找一下原因。售后部和销售部都是直接服务客户的部门，你们要步调一致才能更好地维护市场。"小张深知最近售后服务的满意度持续下降，利润下滑，人心涣散，连最基本的人员管理都出现了问题，他神情凝重，无言以对。"磨刀不误砍柴工，别着急，给你一年时间，充分调研，查漏补缺，我相信你一定能够将咱们的转型之路走好。"李总意味深长地说。

2.6　内部营销助力售后服务转型

从李总那里回来后，小张陷入了沉思：内部改革受挫，原因是什么？回顾这几年出现的问题，虽然改制后在运营模式上有所改进，但与想达到的经营状态仍差距甚远，很多制度方法没有真正落实到实际工作中，是改革力度不够，还是改革措施存在问题？如何开展系统调研，发现底层矛盾，解决现有问题，缓解企业增长压力？这些问题让小张辗转难眠。

售后服务转型迫在眉睫，小张决定从内部调研入手。小张深知，要想真正从传统服务过渡到有更多附加值的现代特色服务，不仅要求部门内部提高服务能力，还要得到其他部门的支持。首先是对转型最为抵触的销售部。对于销售部认为售后人员占用资源的问题，小张亲自到每个办事处进行走访交流。小张认为，首先要明确售后服务的定位，售后服务是为销售后的产品进行服务的，是维护市场、维护客户的必要环节。不论是传统服务模式，还是多元化、个性化、专业化的服务，都是以完善市场需求、提高市场占有率为目的，只有销售与售后一体同心、共进退，才能有效提高企业竞争力。小张为销售部门准备的调研表中包含对此次售后服务改革的建议和意见、当地销售经理对售后技术人员的评价、对区域化配置的评价、对售后服务部片区调度及售后技术人员的意见和建议；还有一些关于售后技术人员行为规范的要求，包括如何加快售后服务响应速度，如何提高售后满意度，对售后服务项目拓展方向的建议等。经过几个月的调研，小张不仅得到了极具价值的一手信息，还与各个销售办事处加深了感情，增进了销售部门对售后服务改革的认可和理解。

通过这次调研，小张对一些现实中面临的问题有了更真切的体会。

片区售后技术人员划分不合理，没有发挥地域优势，没能提高服务效率；片区技术人员服务技能单一，售后服务很难覆盖片区所有产品，需要进一步加强培训。对此，小张通过点对点查找的方式解决人员片区划分不合理的问题，重新按片区进行人员调度和分配，使售后技术人员能力足以覆盖片区产品售后服务范围。

售后技术人员技能欠缺，无法适配客户多样化的售后服务需求场景。对此，小张根据每位技术人员的实际情况制订了多技能培训计划；为提高培训积极性，制定了"多劳多得"的《多技能绩效考核办法》。片区内，售后技术人员可以根据实际需求进行内部沟通，合理分配产品技能培训，在保障片区内产品服务无空白的同时，使技术人员培训有方向、考核有目标，真正做到各有所长、能力互补。只有将绩效考核办法真正落到实处才能发挥激励作用，小张鼓励同一片区的技术人员互通有无，用以老带新的方式加快技术人员成长，促进内部团结协作，提高片区售后团队整体能力。

对于售后技术人员行为规范，小张提炼总结了这次调研中很多销售人员指出的问题，如着装、标准用语、培训标准流程等，最终决定要加强内部制度管理，制订了《售后服务人员标准用语》《售后服务人员标准着装规范》《售后服务人员工作流程》《售后服务人员满意度调查统计办法》等制度。在售后服务部权、责、利统一的基础上，合理的薪酬和奖惩制度、规范的竞争机制和配套制度，让售后服务人员愿意参加培训，主动提升技能，多劳多得。

小张在这一年的走访中，边调研边进行制度的优化，让售后服务转型有序地开展起来。这次调研让小张意识到，如果内部的问题不能得到妥善解决，改革终将变为泡影。人员稳定了，技术培训才能持续推进；随着新的服务产品陆续推出，销售更有动力，技术服务人员也更有自信。丰富的服务产品不仅能帮助客户解决实际困难，还兑现了对客户的承诺，让客户满意，企业才有发展。经过一年的调研与调整，售后服务整体有了起色，利润出现拐点，一切正在向好的方向发展。

2.7 借力打力之初见成效

2016 年开始，调研中暴露出的问题被一一解决。李总看完小张的调研整改报告后，说道："内部沟通做得不错，及时发现问题、解决问题，为我们细化工作流程、加强人员管理、提高售后服务的满意度，找到了解决的办法。下面应该考虑一些实质性问题了，目前实现了一定程度的节流，但开源力度还不够。"小张说道："现在传统服务模式已经到了成熟期，咱们可以多做一些新的服务产品，提高服务收益。这次调研我也了解到了一些新的服务方式，我们可以进行推广。"李总让小张放手去做。

经过仔细思考，小张决定从三个方面提高部门收入。首先，跟顾客签订延保服务合同，做出优质服务承诺，顾客满意度提升了，业绩也就增多了。其次，提供方法服务和整套服务方案，客户出于使用目的购买仪器，有的时间紧，来不及学，有的不想学，图省事。锁定目标客户，提供全方位服务。接受服务的客户表示："其他仪器厂只提供仪器，你们还提供我们所需要的一切，这个钱，我愿意花。"对此，小张的答复是："我们负责产品的全生命周期管理，您用到老，我们管到老。"与此同时，公司邀请客户来北京参与培训，在增加利润的同时牢牢抓住客户的心，此举获得销售部门的一致好评。最后，小张还开通了微店和跨境电商平台，大大拓展了东西分析的配件销售市场。经过一系列的改革，售后服务每年的业绩完成情况都有很大的提升（图2-1），从 2015 年的 500 多万元，增加到 2019 年的 1600 万元左右。东西分析的售后服务转型初步取得成功。

不仅如此，小张认真落实激励机制，如实兑现承诺。第一年，一部分人拿到了不菲的奖金；第二年，拿到奖金的人更多了；第三年，售后人员更努力地服务客户，争着抢着拿奖金。多劳多得的制度真正落到实处。技术人员更愿意参加培训，工作积极性大大提高，在服务过程中积极与客户对接，主动提前准备并按约上门服务。

为确保服务质量，在多技能培训过程中，小张采取老带新的方式，通过老师傅的言传身教，让新员工对仪器实际运行过程中出现的问题有更详尽的把握，以更好地为客户提供服务。当客户提出新的服务要求，而技术人员对

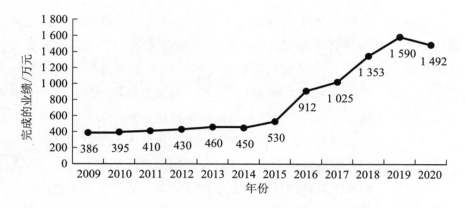

图 2-1　2011—2020 年售后服务部综合业绩完成情况

此并不是太熟练时，都会积极反馈给客服总部，客服总部会将此项目列入新的客户需求计划。对于这些新需求，小张都会安排技术团队开发新的服务产品，甚至让技术团队直接进驻客户实验室，全身心帮助客户解决问题。这样周而复始，不仅解决了客户的实际困难，还拓展了售后服务新的方向，使售后服务项目越来越丰富。技术团队的有力支持，给客户解决了购买设备的后顾之忧，满意度大大提升（见图 2-2）。自售后服务转型之后，售后服务部的满意度从 2011 年的 80 多分上升至 2019 年的 98 分左右。客户满意度连年提升，让售后人员也越来越有干劲，大家团结互助，积极向上。同时客户订单也越来越多，利润开始扭亏为赢。

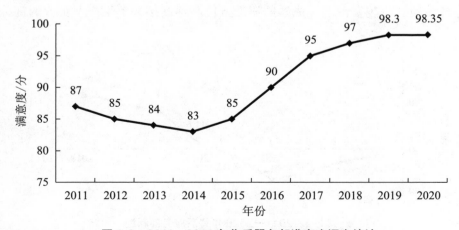

图 2-2　2011—2020 年售后服务部满意度调查统计

与此同时，小张每年都会根据片区需求灵活进行区域管理，按照各区域销售办事处的业务辐射范围配备当地售后服务人员。平时售后服务人员听从销售经理指挥，在片区售后人员不足时，由客服总部调配其他片区的人员进行支援。这样一来，销售增加了人员，却没有增加费用；区域化管理让售后人员离家更近，解决了无法兼顾家庭的困扰；售后人员离客户也更近了，回访更方便，服务更及时，皆大欢喜；由于售后人员平时住在办事处，不用再长途奔波，差旅成本也大大下降。一项制度解决了很多问题，李总非常满意，对售后服务改革这项举措予以了肯定，并在后续工作中也给予了大力支持。

2016 年开始，公司每年为技术人员配发标准服装和工具包，解决此前出差时着装不规范的问题。标准的黑夹克、白衬衫、黑西裤、黑皮鞋等全套的服装配齐后，加上带有东西分析 logo 的专业工具包，让技术人员在现场服务时更显专业。另外还为技术人员配备了集团手机及笔记本电脑，不仅提高了员工福利，还为员工随时学习工作提供了便利条件，技术人员可以利用企业微信平台，每天交流工作情况，大家共同学习和提高。良好的学习氛围、标准化的内部管理，改变了东西分析以往的形象。小张通过服务流程标准化等一系列手段提高了公司的美誉度，助力公司品牌建设。

经过持续的优化，售后服务部业绩逐渐回温（见图 2-3），从 2014 年的亏损 195 万元，到 2020 年净盈利 449 万元。随着服务板块业务逐渐成熟，新服务产品的竞争越发激烈，成熟的第三方检测逐渐接替了生产型企业的部分

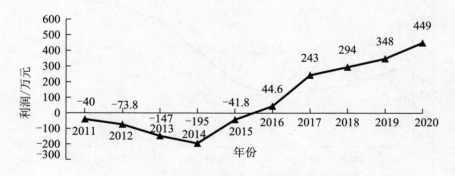

图 2-3　2011—2020 年售后服务部利润

检测工作，渠道商的不断加入使服务市场趋于饱和，增速放缓，销量有所降低。但是经过这些年的整合，小张意识到，业绩的增长只是成功的一部分，最重要的收获是售后服务部的核心竞争力。人心齐则泰山移，小张通过售后服务转型，在员工内部形成组织合力，提高了团队竞争力，积攒相对优势，对公司的可持续发展起到积极促进的作用。

2.8 尾声

东西分析成功实现了售后服务转型。售后服务转型也反哺公司，使公司内部更加团结，公司与客户更加亲密无间，促使公司销售业绩逐年提升。李总与小张正驾驶着东西分析这艘大船，乘风破浪，扬帆远航。

启发思考题

1. 东西分析所处行业有哪些特点？为什么要进行售后服务转型？
2. 东西分析售后服务转型经历了哪些阶段？
3. 售后服务转型在每个阶段采用了哪些策略？效果如何？
4. 内部营销策略在东西分析售后服务转型过程中起到了怎样的作用？
5. 转型后的售后服务帮助企业获得了怎样的竞争优势？

案例分析

1. 分析思路概述

随着企业在产品层面的市场竞争日趋激烈，售后服务已经成为企业实现差异化、建立竞争优势的重要一环，相关的服务营销活动在市场营销实践中的重要性与日俱增，成为"营销管理"等相关课程的核心内容。本案例以东西分析通过售后服务转型的方式提升企业竞争力，并在这一过程中曲折探索的发展经历为主线，通过对该公司售后服务转型的原因、转型过程、转型中所采取的营销策略及转型效果等内容进行深入分析和探讨，试图使读者理解和掌握以下三方面内容：

（1）理解售后服务转型的内涵及其重要作用；

（2）掌握售后服务转型的不同发展阶段及相应的营销策略；

（3）探讨内部营销策略对企业进行售后服务转型所起到的关键作用。

2. 案例分析关键要点

1）关键点

东西分析从最初提出转型设想，尝试推动服务转型遭遇失败，到调研总结经验教训，最后综合运用内部营销、服务营销及售后服务转型的理论，采用精细化管理、区域化管理、推广延保服务和方法服务等措施，成功实现了公司售后服务的转型，同时开始面临一些新的挑战。

2）关键知识点

售后服务转型、售后服务生命周期理论、服务营销三角形、内部营销。

3）能力点

分析与综合能力、批判性思维能力和解决实际问题的能力。

3. 相关理论知识点

1）五力分析模型

五力分析模型由迈克尔·波特（Michael Porter）提出，用于分析企业所面临的各种环境，并让企业建立相应的发展战略。五力主要指的是一个行业中存在的五种基本竞争力量，包括购买者议价能力、供应商议价能力、潜在竞争者进入能力、替代品替代能力和行业内竞争者竞争能力。在这五种能力当中，如果其中一项能力得到增强，那么就可以促进企业的发展，让企业盈利。而且这五种能力通过相应的组合也可以提升企业经营时的利润。

2）售后服务转型与售后服务生命周期理论

售后服务一般指企业在产品销售后，为顾客提供的各种便利、帮助、辅助和咨询活动，即用于保障产品正常工作的各种服务的总称。这类服务一般是从商品出售后开始，直到商品使用寿命结束时终止。售后服务转型不仅包括通过对售后服务管理模式、组织架构和售后服务工作流程的改进，提高服务人员服务水平、售后服务及时性、备品备件的管理及服务效果，同时还可以尝试开拓售后服务新的业务范围，使其更加适应企业转型发展和满足制造业、服务业的需要，成为公司发展新的增长点。

与经典的产品生命周期类似，售后服务也存在生命周期，即售后服务生命周期。该理论将售后服务生命周期分为引入期、成长期、成熟期、衰退期四个阶段。在售后服务生命周期的不同阶段，随着产品逐渐老化，客户利用其产生的利润也会变化，因此客户对相关售后服务的需求在不同时期也存在不同的特点（见图 2-4）。

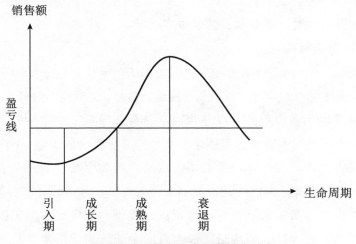

图 2-4　售后服务生命周期销售特点

3）服务营销三角形

服务营销的核心在于服务消费者，要充分了解消费者的需求，通过给消费者提供相应的营销服务，促进企业的发展和收益。服务营销三角形，由著名的服务营销专家克里斯汀·格朗鲁斯（Christian Gronroos）提出，强调服务企业营销战略由外部营销、内部营销、互动营销三方面组成（见图 2-5）。

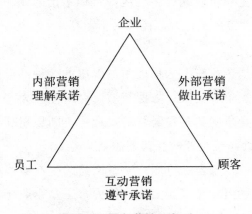

图 2-5　服务营销三角形

外部营销的核心是"做出承诺，建立关系"，即企业对外传递顾客期望的服务或产品，并向顾客做出承诺；内部营销的核心是"理解承诺，支持关系"，即企业内部为员工赋能，保证可以按照外部营销做出的承诺提供服务或产品；互动营销的核心是"遵守承诺，维持关系"，即企业与顾客双方的互动过程，当服务被顾客消费时，企业员工必须遵守承诺。

4）内部营销策略

内部营销（internal marketing）产生于 1970 年前后，主要指企业应当尽可能地满足员工的一些需求，以吸引、发展、刺激、保留能够胜任工作的员工，而让员工更好地为客户服务。内部营销是一种激励员工的哲学，是一种通过满足员工需求，从而促进外部营销增加企业核心竞争力的策略。

现有研究指出，内部营销的主要优点及作用集中在以下几个方面：①有助于加强员工和企业之间的沟通，提高工作效率和工作质量，提升绩效水平；②有助于提高内部员工的满意度和忠诚度，吸引和留住优秀员工；③有助于创造顾客满意，进而提高市场份额；④有助于塑造企业形象及品牌；⑤有助于促进企业文化建设工作。

内部营销主要从员工情感投入和员工行为表现两个方面对员工产生影响。在员工情感投入方面，企业内部营销的努力程度可以直接影响员工对内部营销的感知程度，进而影响员工对组织的情感投入（包括员工工作满意度以及对企业的情感认可度）。在这一维度上，内部营销需采取不同的策略，有针对性地实现对员工的承诺，从而提高员工的留职意愿及工作积极性。而在员工行为表现方面，企业可以通过多种内部营销举措（如加强内部沟通、优化员工职业规划等）改善员工行为，保障员工留存。

5）竞争优势

不同于竞争力是企业在多方角逐中体现出的一种综合能力，竞争优势一般指企业优于其他竞争者的某一方面特质，会对竞争力产生相应的影响。对于一个企业而言，竞争优势是在经营的过程中不断积累获得的，并在竞争过程中有所体现，进而影响企业的经营和盈利能力。

企业竞争优势主要来自三方面：一是产品的生产成本及产品质量，二是企业经营过程中可利用的资产、知识和能力，三是企业所具有的各类资源。在比较稳定的环境中，企业应当建立并维持自身竞争优势，以获得长足发展。

而在过度竞争的环境中，企业不仅要巩固本身具有的竞争优势，还要注重竞争优势的转化和升级，使企业能够长期保持竞争力。

4. 案例思考及分析

1）东西分析所处行业有哪些特点？为什么要进行售后服务转型？

首先基于五力模型分析识别东西分析所处的行业环境，东西分析的供应商议价能力较强，购买者议价能力较强，潜在进入者竞争能力不断提升，替代品短期内威胁较小，行业内竞争压力较大（见图 2-6）。整体而言，东西分析面临的市场环境具有一定的挑战性，企业需要寻求新的利润空间才能更好地实现生存发展。

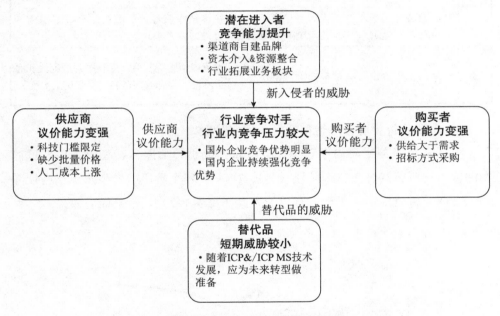

图 2-6 东西分析五力竞争模型图

在这种情况下，东西分析进行售后服务转型，旨在为企业经营中面临的挑战寻求解决之法。在本案例中，售后服务转型主要指东西分析把产品销售给消费者后，从单纯对产品进行安装、调试、维修等活动转变为满足客户对产品使用感和个性化需求的售后服务活动。这种售后服务的转变源于客户群体的内在需求，也是顺应市场动态做出的经营策略调整的结果。通过售后服务转型，东西分析可以将其所处的产业价值链的增值环节从传统的生产环节向服务环节转移，通过为顾客提供覆盖产品全生命周期的服务，建立良好的产品服务系统，从而使传统的制造企业焕发生机，提高企业竞争力。

结合案例进一步深入分析后可以发现，东西分析推进售后服务转型的背后至少有三个关键动因，而售后服务转型所蕴含的优点和作用有助于分别解决这些问题（见表2-1）。因此，售后服务转型就显得势在必行。

表 2-1　售后服务转型动因分析

序号	转 型 动 因	企业进行售后服务转型的优点及作用
1	客户亟须解决的测量任务：传统的安装启动服务不能满足客户使用的需要，产品和服务创新能力不足，客户满意度低	发掘新服务产品，帮助客户解决实际困难，提高客户满意度
2	售后服务转型遇阻：技术人员储备不足，组织内部人心涣散，区域化管理得不到认可	减少技术服务人员流失，形成组织内部合力，提高公司竞争力
3	售后服务转型探索：家族式管理，流程没有规范，服务没有标准，内部管理疏松，员工工作不积极	规范内部管理制度，提升服务规范性和服务标准。整合内部资源，提升员工士气

2）东西分析售后服务转型经历了哪些阶段？

根据售后服务生命周期理论，分析东西分析售后服务转型过程中不同时期的特点，可将其分为三个阶段（见图2-7），每个阶段的转型重点均有所差异，东西分析分别制订了行之有效的方案（见表2-2），带来显著效果。

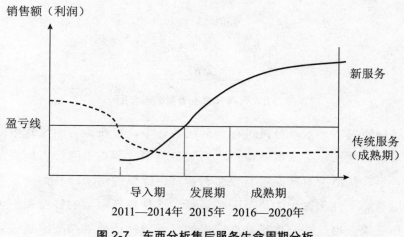

图 2-7　东西分析售后服务生命周期分析

表 2-2 东西分析售后服务转型阶段分析表

转型阶段	阶 段 特 点	转 型 重 点
导入期	• 产品种类少，生产成本高； • 产品刚投放市场，效果不稳定； • 客户对新产品缺乏信任，新产品很难被大量销售	• 宣传新服务产品； • 识别售后服务转型中的不足； • 积累售后服务转型的经验
发展期	• 新产品种类增多，被大批量生产，生产成本下降； • 拥有了对产品比较熟悉的购买者，销量稳步提升； • 产品大量销售，企业利润增加	• 多技能培训，增加新服务种类； • 完善产品和服务，提高客户满意度； • 强化市场资讯和信息掌控，销量迅速增加
成熟期	• 新产品被市场认可，消费者购买处于稳定状态； • 市场需求逐渐趋于饱和，销量增长缓慢； • 市场持续扩大，造成竞争十分激烈	• 维护老客户，发掘新客户，完善市场需求； • 进行差异化服务，提高竞争力； • 市场逐渐完善，竞争激烈，销量放缓

3）东西分析售后服务转型在每个阶段采用了哪些策略？效果如何？

根据服务营销三角形模型相关理论，可分析识别东西分析在不同转型阶段采用的具体策略（见图 2-8）。在导入期，东西分析主要开展外部营销，宣

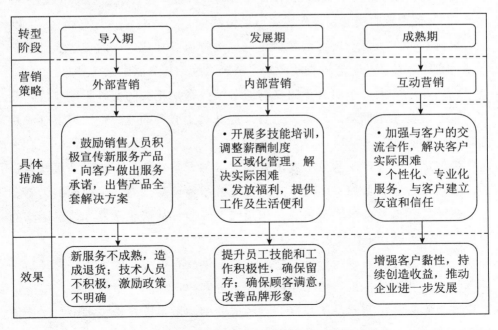

图 2-8 售后服务转型阶段策略及效果图

47

传新服务，但由于技术人员能力不足导致新服务无法落地，效果并不理想，让公司意识到售后服务转型的必要性。在发展期，东西分析主要开展内部营销，针对公司内部存在的实际问题进行调整，提升了售后服务人员的技能水平和工作积极性，创造顾客满意，售后服务转型初显成效。在成熟期，东西分析主要开展互动营销，在外部营销、内部营销的基础上进一步增强与客户的交流合作，增强客户黏性和信任，为公司创造收益和持续的发展。

4）内部营销策略在东西分析售后服务转型过程中起到了怎样的作用？

根据内部营销策略相关理论，分析东西分析采用的内部营销策略，可以看出其作用主要包括以下三个方面。

（1）吸引和留住优秀的员工

东西分析推出内部培养教育计划，让经验丰富的技术人员为新员工开展培训，提升新员工的竞争力和对公司的认可度，以"滚雪球"的方式吸引越来越多的年轻人加入。此外，东西分析还为每位新员工匹配一名老师傅，用激励制度促使老师傅毫无保留地向新员工传授经验，同时继续对老师傅开展前沿技术培训，从而在满足老员工技术竞争力的同时也能够激发新员工快速成长，形成"鲶鱼效应"。长期的教育与培训口碑进一步促进了员工的稳定性。

（2）创造顾客满意，进而提高市场份额

良好的客户满意能够促进售后更好地进行服务转化，同时促进企业提升市场占有率。东西分析通过物质激励、情感激励、任务激励来达到此目的。

物质激励方面，东西分析建立与服务绩效密切相关的奖励报酬制度，将客户满意度与员工服务绩效紧密结合，提升员工服务的及时性、可靠性，进而提升客户满意度。

情感激励方面，东西分析要求管理层必须无条件地关心热爱基层技术员工，通过送温暖、聚餐、团建等方式强化公司整体凝聚力，用师徒制为新员工提供陪伴式成长，鼓励新老员工积极交流经验。从情感激发、情感团结的角度激励员工提升工作投入度，促进客户满意度提升。

任务激励方面，东西分析为技术人员提供具有挑战性的工作，提升员工的满足感和获得感。组建技术小组共同服务客户，并提供平台支持，促进员工实现技术攻关，帮助员工建立信心和成就感。适当放权给技术小组，让员工具有工作自主性和主观能动性，工作投入度高。

（3）塑造企业形象及品牌

员工的服务表现是客户对品牌进行评价的第一要素，服务质量决定了客户对企业的认可。

大量技术人员在接受专业的教育和培训后，会拥有一种工作仪式感，进而在设备的安装、维护、调试过程中展现出较好的形象。同时，由于客户评价与员工绩效工资密切相关，员工的工作投入度、服务态度明显改善，着装更加专业统一，并且能用个性化的服务匹配客户的生产实际需要，解决了过往安装服务项目单一的问题。公司服务口碑快速建立，逐渐形成"马太效应"。

从内部营销驱动图可以看出（见图 2-9），东西分析通过改进技术人员的工作及生活环境，吸引和留住优秀员工，实现员工满意；进而驱动其为顾客提供高质量、专业化的服务产品，如方法服务、认证服务、延保服务等，达到顾客满意；顾客满意在促进购买、提升公司利润的同时，也能为服务改进提供建议。因此，内部营销为东西分析售后服务转型的顺利实施提供了基础和保障。东西分析的售后服务业绩从 2011 年的 410 万元增长至 2019 年的 1590 万元，提高了将近 4 倍，证明东西分析采取内部营销助力企业售后服务转型的方式是积极有效的。

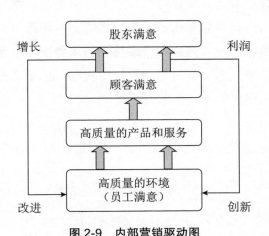

图 2-9　内部营销驱动图

5）转型后的售后服务帮助企业获得了怎样的竞争优势？

针对售后服务转型为东西分析带来的优势，可以结合竞争优势相关理论从多个维度展开分析。以下主要从产品服务、专业化和整合三方面展开分析，以供参考。

（1）在产品服务质量方面实现技术优势

东西分析不断增加产品服务研发投入，并购外资企业获取技术和品牌支持，持续强化产品服务在技术上的优势。在服务质量层面，售后服务转型使服务输出质量具有明显优势，形成一种特殊的进入壁垒。产品服务的不断升级，让企业在单一的产品服务输出上获取了一定的先发优势。

（2）在专业化知识方面实现领先优势

东西分析在意识到知识型员工的重要性后，持续追加培训，储备知识型人才，以内部营销为抓手，促进员工知识和技能的提升。现阶段公司对知识型员工的培训力度和投入都远超国内同行，在吸引员工加入时也有明显优势。

（3）在整合资源方面实现协调优势

东西分析早期引入外部管理团队，并主动对外投资，以持续保持品牌和技术优势。此外，通过整合企业内部资源，激发员工的创新活力，提升员工的服务能力，带动企业可持续增长。同时，进行售后服务转型升级，为同行企业提供打包技术服务支持，逐步将市场中的竞争对手整合为上下游合作伙伴，在各自的细分市场获取市场份额。

综上所述，在产品服务质量持续提升的优势下，东西分析的产品服务满足了客户发展需要；在知识和技术储备的优势下，东西分析储备了下一个市场发展阶段的关键技术和人员；在资源整合的优势下，东西分析大大激发了整个行业对其的需求，与竞争对手成为合作伙伴，让东西分析继续保持在中国市场的领先地位。

5. 推荐阅读

[1] 李冬. 面临零部件过期的产品销售与售后服务供应链合同分析 [J]. 管理科学学报，2021，24(6)：88-100.

[2] 毛照昉，刘鹭，李辉. 考虑售后服务合作的双渠道营销定价决策研究 [J]. 管理科学学报，2019，22(5)：47-56.

[3] 冯永春，崔连广，张海军，等. 制造商如何开发有效的客户解决方案?[J]. 管理世界，2016(10)：150-173.

[4] 杨学成，涂科. 共享经济背景下的动态价值共创研究——以出行平台为例 [J]. 管理评论，2016，28(12)：258-268.

[5] 陈菊红，王绒，马安妮，等. 制造企业服务化战略与组织要素的匹配关系研究 [J]. 管理评论，2017，29(10)：168-179.

[6] 金亮，武倩 . 售后服务对品牌差异化制造商市场入侵的影响研究 [J]. 管理评论，2021，33(3)：170-181.

[7] 姚树俊，陈菊红 . 考虑零售商竞争的产品售后服务能力运营策略研究 [J]. 管理工程学报，2016，30(1)：88-95.

[8] 胡罡，何健敏，刘薇薇，等 . 论"售后服务"对高校科技成果转化的作用 [J]. 研究与发展管理，2016，28(5)：119-125.

渠 道 管 理 篇

第 3 章　从一到多：鸿合的
渠道冲突管理之路

摘　要：为了满足企业快速发展的需要，企业往往需要不断开拓新市场。作为国内领先的教育平板研发和制造商，鸿合科技公司（以下简称鸿合）在面临企业发展瓶颈时将目光投向了与教育平板类似的商用平板市场，却在新市场开拓中遇到了种种激烈的渠道冲突。鸿合一度通过实施双品牌策略解决了这一问题，但很快又面临新的挑战。鸿合的渠道管理活动中究竟面临哪些渠道冲突？又应如何化解？多品牌策略在渠道冲突管理过程中可以起到怎样的作用？鸿合该如何应对新一轮的渠道冲突？该案例对于探讨企业在新市场开拓中的渠道冲突管理、品牌战略选择等方面都有借鉴意义。

关键词：交互显示行业、渠道冲突、多品牌策略

3.1　引言

2019 年 4 月，鸿合科技公司（简称鸿合）在北京召开了 Newline 商用平板新品发布会，并邀请了全国商用平板产品的所有省级分销商代表参加。看着台上的展品以及关于公司最新计划与愿景的展示，商用平板产品的负责人王铮终于露出了难得一见的轻松神情。自 2018 年年初开始，鸿合采用单一品牌策略，从教育

平板市场跨界进军商用平板市场开始，经历了各种渠道间的冲突，多次尝试解决但效果不佳，最终决定走上多品牌之路，才有了今天的成绩。回首过去这一年多，王铮不禁感慨万千……

3.2　进军商用，双管齐下

自 1990 年公司创立以来，鸿合长期从事教育行业多媒体产品的研发、生产和分销。2017 年，企业年营业额已达 36 亿元人民币，全球员工超 2600 人，图 3-1 为当时的鸿合组织架构图。

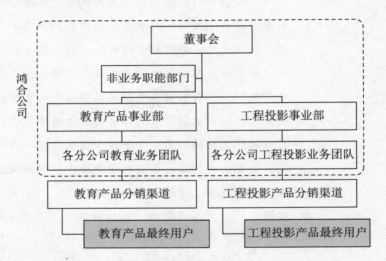

图 3-1　鸿合科技组织架构图（截至 2017 年年底）

2015 年，鸿合启动了 IPO 计划，为满足上市要求，公司需要大幅提升营业额。然而，由于国内教育多媒体市场的用户需求已逐渐饱和，竞争还在日益加剧，因此鸿合急切地需要开拓新的市场。经过深入研究，鸿合认为商用平板市场具有很大的发展潜力。从 2015 年开始，商用平板的市场规模每年增幅都超过 30%。虽然鸿合并未涉足该市场，但早已掌握了进入该市场所需的核心技术。因此，公司决定进军商用平板市场，并且委派具有多年渠道分销经验的中层经理王铮作为商用产品事业部的总负责人，主抓商用平板的产品和销售工作。

刚上任，王铮就确定了进军商用平板市场的产品策略。他认为，为了抢占市场先机，公司没有时间重新设计、生产一款专门的商用平板产品。因此，通过对已有的教育平板产品进行升级改造，公司推出了首款商用平板机型，于 2018 年初投放市场。

与此同时，王铮决定从利用现有渠道资源与开拓新渠道资源两个方面进行商用平板渠道的铺设。对于现有渠道资源，王铮瞄准了正为公司销售工程投影产品的渠道商，因为工程投影渠道的客户群也可能存在购买商用平板产品的需求，或许有助于开拓新市场。基于这一思路，王铮大力鼓励工程投影渠道商参与商用平板的销售，最终有 30 家工程投影分销商与所在地区的鸿合省级分公司签订了商用平板的代理协议。对于新渠道资源，王铮看好对商用平板产品有潜在需求的一系列行业（如会议室集成、政府、医疗、金融等），签约了一批新的渠道商，从而扩充、完善现有的渠道分销体系（见图 3-2）。为了帮助这些新晋渠道商尽快迈入正轨，王铮组织各渠道商进行每月一次的优秀案例分享，引导大家交流经验，共同进步。

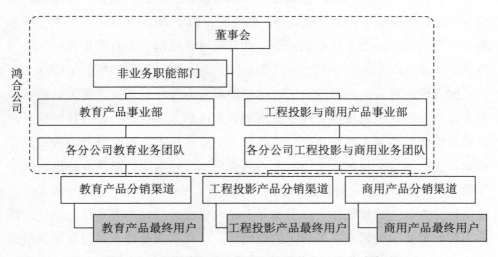

图 3-2　鸿合科技组织架构和分销渠道（2018 年年初）

此外，王铮也积极寻找适合的外部分销体系，希望借助对方的渠道资源迅速打开市场。最终，鸿合与 PC 分销体系中规模最大的 A 公司在 2018 年 3 月签约，确定由 A 公司担任鸿合商用平板产品的全国总代理，希望能够借助A 公司既有的 PC 产品分销渠道有效推动商用平板产品的销售。

3.3 渠道冲突，波澜初起

令王铮始料未及的是，辛苦打造的商用平板渠道体系迅速爆发了一系列问题。

最先出现问题的是工程投影渠道。尽管王铮曾组织该渠道的核心渠道商召开宣讲会，介绍商用平板产品的市场潜力与经营思路，但这些渠道商似乎并未充分认可公司的想法。早在 2018 年 3 月，一位与王铮有着多年交情的刘总就私下向他倒苦水："商用平板这个产品很有前途，但是让我们花钱成批进货再来给你们做分销，我们真掏不起这钱啊。"王铮起初认为这只是个别现象，但是很快就发现问题要严重得多。同年 4 月，多家渠道商陆续停止进货，这对商用平板市场的开拓造成了极为不利的影响，甚至也波及整个工程投影渠道本身的业务。

一波未平，一波又起。各渠道商不仅无意响应王铮的建议，分享各自的成功经验，还出现了正面"抢市场"的情况。由于 2018 年推出的商用平板与教育平板之间产品差异化很小，不少教育渠道分销商凭借教育平板的价格优势屡次向商用市场进行"窜货"，严重干扰了当地商用平板分销商的正常经营。

刚出现这种情况的时候，王铮邀请涉事双方进行调解，希望可以通过沟通来达成一致。但是很快王铮就发现调解起不到太大效果，并且耗时很久，达成协议之后也无人监督执行，最终窜货一方往往不会停止窜货，依旧我行我素。为解决这一问题，王铮决定由鸿合出面，对出现的窜货事件进行统一仲裁，并且对窜货方进行罚款，以弥补被窜货方的损失。采用仲裁手段之后，窜货行为表面上被抑制住了，但实际上还在以更为隐秘的方式继续进行。持续不断的窜货现象影响了渠道商的积极性，一些渠道商发现问题得不到根治后，决定离开鸿合体系，转而与鸿合的竞争对手开展合作。

最令王铮没有想到的是，商用产品的全国总代理 A 公司也发生了致命问题。按照协议，A 公司每月需要从鸿合提取 500 万的货物。但合作仅半年，A 公司就拒绝继续履约提货，理由是鸿合的产品销量不佳，造成积压库存过大。

但在王铮看来，此事另有起因。作为一家知名笔记本电脑品牌的总代理，A 公司的分销工作一直以来都较为轻松：只要为下一级分销商提供好周转资金及周转仓储，产品销售任务自然会由下一级渠道完成。在合作之初，王铮就意识到这种"坐享其成"的分销模式并不适合商用平板产品。他反复提醒 A 公司："商用平板是一种新产品，用户并不了解使用方法，渠道也并不知道该如何销售。你们需要配备专职销售人员带着产品给客户做现场演示。"但是 A 公司早已习惯原有做法，又觉得商用平板市场还处于初期，与他们的笔记本电脑业务相比没那么重要，因此并未听取王铮的建议。等到 A 公司意识到自己的销售方法确实不适用于商用平板时，已经积压了太多的库存，导致不可挽回的局面。

3.4 双元品牌，并存不悖

2018 年底，鸿合的高管们专门讨论了商用平板市场面临的种种困难。总裁提出："教育平板和商用平板之间在外观、功能方面都太相似了。商用平板没能抓住商用用户的眼球，和教育平板又属同一品牌，彼此还存在着价差，这样不窜货才怪。我们在 2019 年要扩大这两条产品线之间的差异。另外，说到品牌问题，我们能不能针对商用平板启用一个新的品牌呢？"

总裁的一席话启发了王铮，他向公司建议："我们公司在 2012 年曾经收购了美国的 Newline 品牌，这个牌子是高端品牌，在当地市场表现不错。我们何不将这个品牌引进国内市场，作为鸿合的商用平板品牌呢？"

公司采纳了这个建议，决定从 2019 年开始采用多品牌策略，所有商用平板都采用 Newline 品牌，教育产品依旧沿用鸿合品牌。不仅如此，2019 款 Newline 商用平板延续了海外一贯的高端形象，采用了与教育产品截然不同的外观、用户界面与功能设计，并加入了商用平板独有的新功能，比如无线投屏等。新版商用平板刚一发布就广受好评，订单如潮。由此，公司实现了教育产品和商用产品之间的有效差异化。

为进一步扩大差异，针对这两个品牌的渠道销售，鸿合要求从 2019 年开始，任何渠道商只能选择这两个品牌中的一个进行代理分销，不允许"脚踏两只船"。由此，专注于原有教育和工程投影市场的代理商都归到了鸿合品牌下，而想开拓商用新市场的代理商都转向 Newline 品牌。

此外，王铮还进一步调整了公司内部的渠道部门结构，设立了电商部门，主管在线销售和网络定价体系，以便更好地管理日益增长的网络销售需求（见图3-3）。

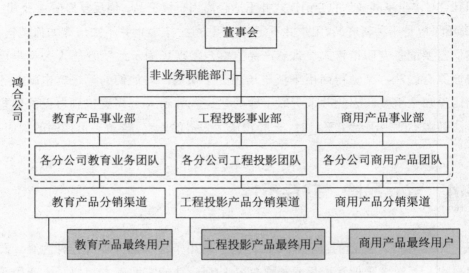

图 3-3　调整后的鸿合科技组织架构图

随着上述新品牌、新产品、新渠道政策的发布，鸿合成功地将其教育市场与商用市场清晰分隔，也对两个市场对应的渠道体系进行了明确划分，从根本上解决了商用平板渠道在 2018 年面对的几个艰巨挑战。

首先，新的渠道政策能够让渠道商自由选择是专注深入现有市场还是开拓新市场。对于鸿合原有的工程投影渠道商们，虽然无法兼顾 Newline 品牌，但在新的渠道政策下可以更专注于原有业务，自如地发挥自身强项。因此，之前出现的工程投影渠道商和鸿合之间的冲突从根本上得到解决，大多数渠道商都决定继续与鸿合合作。

其次，教育渠道向商用渠道窜货的问题在新品牌与新产品发布之后得到很大程度遏制。新的商用平板产品具备很多针对商用客户的实用功能，比如无线传屏、一键分享等，这些功能是 Newline 平板的全线标准配置，却无法在教育平板上实现。此外，鸿合为商用客户提供了更加优质的服务体系，包括免费上门安装及培训、24 小时闪电维修响应等，进一步强化了商用与教育产品线之间的差异，从源头上吸引商用客户选择购买 Newline 产品。

最后，针对 A 公司原有销售方法不适用商用平板市场的情况，鸿合也最终在 2018 年底回购了 A 公司的全部商用平板库存，自行清仓促销，结束了合作。

3.5 一波三折，冲突再现

看着新品发布会后蜂拥到展台洽谈分销事宜的渠道商，王铮知道他所负责的业务终于逐渐走上了正轨，商用渠道商终于可以在不受教育产品渠道商和一些不合理的渠道政策的负面影响下，全力为鸿合开拓新品市场。

不过，在会场与渠道商沟通的过程中，王铮又得知了一系列新出现的渠道冲突，比如鸿合为了推进多品牌战略，迅速停止了旧机型商用平板的销售，然而还有很多渠道商已经签订了旧机型的订单却没有办法交货；又比如传统的区域渠道商开始找他抱怨，新开设的电子商务部门制订的线上官方统一价格太低了，抢了这些渠道商的生意……

"渠道冲突真是渠道工作永恒的主题啊！"王铮一边感叹，一边投入新一轮紧张的工作中了。

启发思考题

1. 鸿合在开拓新市场初期面临哪些渠道冲突？产生冲突的原因是什么？

2. 鸿合尝试使用哪些策略解决渠道冲突？效果如何？

3. 鸿合为什么要采用多品牌策略？其在解决渠道冲突中发挥了怎样的作用？

4. 采用多品牌策略拓展新市场时期，又产生了哪些新的渠道冲突？其原因是什么？

5. 鸿合的经历对同类企业开拓新市场有哪些启示？

案例分析

1. 分析思路概述

渠道是市场营销中的重要概念和问题，也是"营销管理"或"渠道管理"课程的核心内容。本案例以鸿合在开拓新市场过程中的渠道冲突管理经历为主线，通过对该公司的渠道冲突成因、渠道管理方法、品牌战略选择等方面进行深入分析和探讨，试图使读者理解和掌握以下三方面内容。

（1）理解新市场开拓过程中可能产生的渠道冲突类型和成因；

（2）掌握渠道冲突管理的多种策略和实施路径；

（3）探讨品牌策略在渠道冲突管理中的作用与功效。

2. 案例分析关键要点

1）关键点

鸿合公司在开拓新市场过程中，产生了多种类型的渠道冲突，并采取了相应的冲突管理策略尝试解决，最终决定采用双品牌策略，借助该品牌策略增加的市场区隔和渠道区隔，从根本上消除产生冲突的原因，进而解决渠道冲突。随着企业的发展，企业在双品牌时期又面临了新的渠道冲突挑战。

2）关键知识点

渠道冲突管理、品牌策略。

3）能力点

分析与综合能力、批判性思维能力和解决实际问题的能力。

3. 相关理论知识点

1）渠道冲突的定义和分类

渠道冲突是组成营销渠道的各组织间敌对或者不和谐的状态。按照冲突方渠道成员的关系划分，可以将冲突的类型分为以下三类（见表3-1）。

（1）水平渠道冲突。水平渠道冲突是指同一营销渠道中，同一层次中间商之间发生的冲突。该类冲突管控不当时，会造成整个渠道混乱，严重时可能导致代理商转投竞争对手，造成企业整体营销渠道体系崩溃。

（2）垂直渠道冲突。垂直渠道冲突指的是同一渠道中不同层次渠道成员之间发生的冲突。垂直冲突往往出现在渠道结构变革和调整过程中不同层级上的渠道成员之间。

（3）多渠道冲突。多渠道冲突是指企业建立了两条或者两条以上的渠道，向同一市场分销产品从而产生的冲突，其本质是几种分销渠道在同一市场内争夺同一客户群而引发的利益冲突。

表 3-1　渠道冲突的不同类型

冲突类型	冲突定义	常见冲突表现	冲突后果
水平渠道冲突	统一渠道中同一层次的渠道成员之间发生的冲突	·窜货行为； ·恶意抢标行为； ·跨区、跨行业报价	·渠道价格体系混乱； ·经销商店大欺客

冲突类型	冲突定义	常见冲突表现	冲突后果
垂直渠道冲突	同一渠道中不同层次渠道成员之间发生的冲突	• 渠道商停止进货； • 渠道恶意索要账期； • 厂商惩罚性断货	• 与渠道商中止合作； • 下级渠道可能转投竞争对手
多渠道冲突	企业建立了两条或者多条渠道，不同渠道的渠道成员之间发生的冲突	• 渠道商投诉线上渠道价格不公平； • 项目抢报	• 渠道价格体系混乱； • 不同渠道间合并或消失

2）渠道冲突产生的原因

路易斯·W. 斯特恩和阿德尔·埃尔－安赛瑞（Louis W. Stern and Adel El-Ansary）指出，渠道冲突产生的根本原因有三个：目标不相容、归属差异和对现实认知的差异，具体如下。

（1）**目标不相容**：指在渠道运作过程中，各个渠道成员根据自身的利益需求会有各自不同的主张和需求，这就导致了渠道成员间的个体目标不同，进而产生冲突。

（2）**归属差异**：指渠道成员在有关目标顾客、销售区域、渠道功能分工和技术等方面的归属上存在矛盾和差异。

（3）**对现实认知的差异**：指渠道成员之间对渠道中事件、状态和形式的看法和态度存在分歧。

3）渠道冲突的解决策略

解决渠道冲突有两类常用策略，包括信息加强型策略与信息保护型策略（见表 3-2）。

（1）**信息加强型策略**。信息加强型策略是指企业通过一些措施，使渠道成员之间有充分的信息交流与沟通，实现信息共享，加强彼此的信任，建立和维护彼此间的良好合作关系，从而预防和化解渠道冲突。常见的信息加强型策略包括**邀请参与会议、角色互换、信息分享、共同规划或合营**。

（2）**信息保护型策略**。信息保护型策略是指冲突双方不是通过协商说服等充分沟通的方式来达到彼此谅解和理解，最终达成共识并解决冲突的，而是各持己见、互不相让，需要第三方介入来解决冲突的策略。需要使用信息保护型策略解决的渠道冲突，往往是由于渠道成员保护自己的信息，拒绝与其他渠道成员进行信息共享导致的。常见的信息保护型策略包括**调解、仲裁、诉讼**。

表 3-2　解决渠道冲突的常见策略

策略类型	策略名称	具体措施	策略的作用	策略的弊端
信息加强型策略	邀请参会	渠道成员会议	• 在冲突发生前沟通信息	• 工作计划被调整； • 改变认知力度有限
	角色互换	互派人员去对方组织工作	• 站在对方角度思考问题	• 泄密风险
	信息分享	成员将信息与其他成员共享	• 巩固成员间关系	• 被迫分享信息； • 竞争风险
	共同规划	统一制订计划	• 信任的基础上统一行动	• 难以执行
信息保护型策略	调解	冲突发生后双方自行协调	• 冲突双方自行协调已发生的冲突	• 约束力有限
	仲裁	由第三方进行裁决	• 裁决结果具备一定约束力	• 满意度往往较低； • 怀疑公正性
	诉讼	人民法院进行判决	• 满意度高； • 专业性强	• 花费高； • 时间长

4）多品牌策略的定义和分类

多品牌策略是指企业根据各个目标市场的不同利益分别使用不同品牌的品牌决策策略。多个品牌能较好地定位不同的细分市场，强调各品牌的特点，吸引不同的消费者群体，从而占有较多的细分市场。多品牌策略在具体实施过程中又可分为**个别品牌策略、分类品牌策略、企业名称加个别品牌策略**三大类。其定义和特点如表 3-3 所示。

表 3-3　三类多品牌策略

策略类型	策略定义	策略的效果	策略的弊端
个别品牌策略	不同产品采用不同品牌	• 使用不同品牌应对不同细分市场，声誉不互相影响	• 品牌管理成本高； • 新品牌管理存在难度
分类品牌策略	不同品类采用不同品牌	• 使用不同品牌应对不同细分市场，声誉不互相影响	• 品牌管理成本高； • 新品牌管理存在难度
企业名称＋个别品牌策略	企业名加个别品牌的名称	• 既能表明产品出处，又能表明产品特点	• 品牌管理成本增加； • 受到主品牌影响较大

4. 案例思考及分析

（1）鸿合在开拓新市场初期面临哪些渠道冲突？产生冲突的原因是什么？

基于案例分析识别鸿合在其单一品牌时期面临的渠道冲突，可以发现鸿合在市场开拓的过程中主要遇到了两方面的渠道冲突。根据渠道冲突的定义与分类、渠道冲突的产生原因两部分理论，可对这两类渠道冲突的冲突类型、冲突双方、冲突表现、冲突原因与成因类型分别进行分析，具体分析思路如图 3-4 所示。

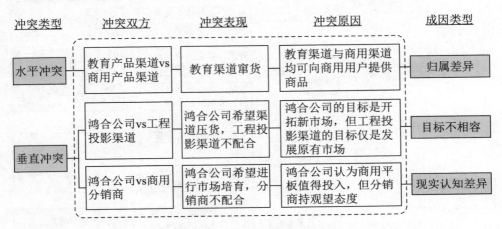

图 3-4　单品牌时期渠道冲突

（2）鸿合尝试了哪些策略解决渠道冲突？效果如何？

结合案例，可逐一识别鸿合在单品牌运营时期为解决各种渠道冲突所采用的策略和措施。根据渠道冲突的解决策略相关理论，可以发现鸿合实际上综合采用了信息加强型和信息保护型两类渠道策略，结合相关理论可进一步详细分析每种策略对应的策略类型、策略名称、具体措施、效果与不足、作用与弊端。参考思路如图 3-5 所示。

（3）鸿合为什么要采用多品牌策略？其在解决渠道冲突中发挥了怎样的作用？

多品牌策略帮助鸿合向教育平板和商用平板这两个细分市场分别投放了极具差异化的产品，从而更有效地吸引客户，最终达成在保有原有教育市场份额的基础上开拓新市场的目标。此外，多品牌策略还帮助鸿合解决了其在单品牌时期所面对的部分渠道冲突。可从建立市场区隔和建立渠道区隔两个方面分析多品牌策略解决渠道冲突的机制，参考思路如图 3-6 所示。

① **通过多品牌策略建立市场区隔。市场区隔**是指将消费者依不同的需求、特征区分成若干个不同的群体，从而形成多个不同的消费群。在引入全新的"Newline"品牌之后，鸿合将其客户区分成教育客户和商业客户两个群体。针

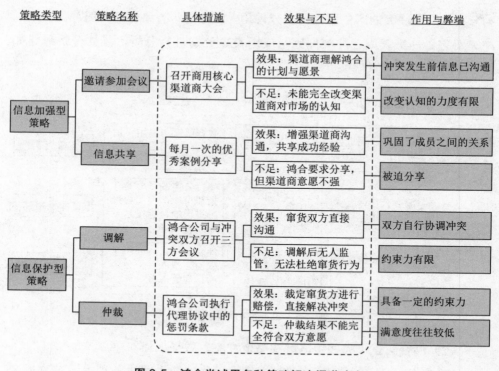

图 3-5 鸿合尝试用多种策略解决渠道冲突

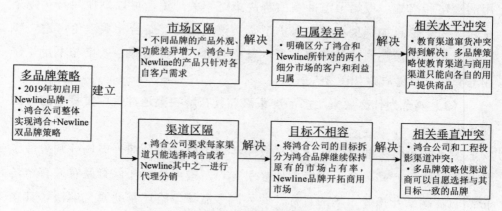

图 3-6 鸿合使用多品牌策略解决渠道冲突

对教育客户，公司提供"鸿合"品牌的产品，主打性价比，满足教育用户的正常教学使用需求。针对商用客户，公司提供"Newline"品牌的产品，主打功能性与体验感，满足商业用户对于产品外观、性能、安全性等方面的更高要求。

建立市场区隔的目的是解决归属差异问题，进而解决由此产生的教育产品渠道商与商用产品渠道商之间的水平冲突。通过采用多品牌策略、建立市场区隔，鸿合的众多渠道商可以明确识别一名潜在客户是属于教育渠道还是商用渠道、应该购买哪个品牌的产品，教育和商用渠道间再也没有出现窜货的情况。由此可见，针对本案例中单品牌时期所出现的教育产品渠道商与商用产品渠道商之间的冲突（单品牌时期冲突 1），可以采用多品牌策略，通过建立市场区隔，从根本上消除归属差异这一造成渠道冲突的原因，进而根治由此产生的水平渠道冲突问题。

② 通过多品牌策略建立渠道区隔。多品牌策略除了有助于实现市场区隔，也有助于建立有效的渠道区隔。在本案例中，鸿合在采用多品牌策略后，规定其下属的所有渠道分销商只能在鸿合和 Newline 两个品牌中选择一个开展代理销售。通过这样的方式，鸿合品牌和 Newline 品牌的两个渠道间建立了明确的区隔。

建立渠道区隔的目的是解决目标不相容问题，进而解决由此产生的鸿合与其工程投影机渠道商之间的垂直冲突。在单品牌时期，鸿合品牌的分销渠道体系同时肩负着两个目标：一方面要守好渠道商现有的市场份额（教育市场、工程投影机市场），另一方面要开拓商用产品这一全新市场。但是对于部分渠道商（比如工程投影机渠道商）而言，开拓商用市场的目标符合鸿合的利益，却不符合自己的利益，由此形成了鸿合与工程投影机渠道商之间的垂直冲突（单品牌时期冲突 2）。而随着企业采用多品牌战略、建立明确的渠道区隔，鸿合和 Newline 两个品牌的渠道分别承担了守住原有市场份额和开拓新市场的任务。由此，每个渠道成员只需选择其中一个品牌的渠道并努力实现一个符合自身利益的目标，而无论选择哪一个渠道都会与鸿合的利益一致。因此，鸿合与其渠道商之间的目标不相容问题得到了根本性的解决，由这一问题产生的垂直渠道冲突自然消失了。

（4）采用多品牌拓展新市场时期，产生了哪些新的渠道冲突？其原因是什么？

鸿合启用多品牌策略后，公司在单品牌时期面临的渠道冲突得到了显著缓解，但是也逐渐遇到两类新的渠道冲突问题。结合案例，参考分析思路如图 3-7 所示。

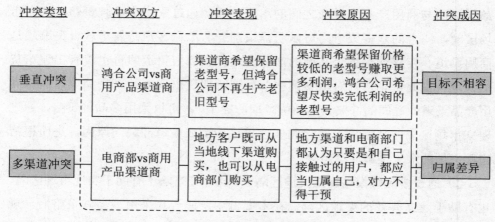

图 3-7　多品牌时期渠道冲突

（5）鸿合的经历对同类企业开拓新市场有哪些启示？

渠道冲突是企业在发展过程中容易产生的问题。在进行新市场开拓的过程中，由于企业往往会增加新的产品或营销模式，渠道冲突更为常见。

当渠道冲突发生时，传统的解决方法是企业最常使用的，具体可以分为信息加强型策略和信息保护型策略。在本案例中，鸿合先采用了邀请参加会议、信息共享等信息加强型策略，在这些策略无法完全解决冲突问题时，进一步使用了调解、仲裁等信息保护型策略。然而，以上策略试图解决的均是已产生的渠道冲突，但归属差异、目标不相容等渠道冲突产生的根本原因并未被解决。为从根本上解决渠道冲突，企业可以在品牌策略选择上进行思考。本案例中，鸿合最终使用了多品牌策略，一方面满足了进军新市场的需求，另一方面又建立了市场区隔和渠道区隔，进而消除了单品牌时期造成渠道冲突的根本成因。

综上，对于以开拓新市场为目标的企业来说，利用传统渠道冲突解决手段，可以解决部分已产生的渠道冲突。但对于企业而言，如何达到开拓新市场的目的，同时尽可能减少导致渠道冲突的因素才更为重要。企业可以基于各自需求，合理利用多品牌策略，明确利益归属，区分各个市场目标，减少导致渠道冲突的因素，进而从根本上避免渠道冲突的发生。

5. 推荐阅读

[1] Louis W. Stern, Adel I. EI-Ansary. Marketing Channels[M]. Englewood Cliffs, NJ: Prentice Hall, 1992: 12-13.

[2] Vargo S L, Lusch R F. Evolving to a New Dominant Logic for Marketing[J]. Journal of Marketing, 2004, 68(1): 1-17.

[3] Larry J. Rosenberg, A New Approach to Distribution Conflict Manement[J]. Bussiness Horizons, 1974, 17(5): 67-74.

[4] 菲利普·科特勒. 营销管理 [M]. 15 版. 上海：上海人民出版社，2016.

[5] 刘晴. 企业分销渠道存在的问题 [J]. 商业现代化，2015(6)：105.

[6] 缪子阳，李晓聪，王慧. 双品牌运营下的渠道整合策略——以海信接管夏普电视美洲业务为例 [J]. 中国市场，2017(23)：119-125.

[7] 范贵德. 市场营销在多元化市场情况下的渠道管理思考 [J]. 中国市场，2018(2)：120-121.

[8] 吴静，李晓薇. 关于市场营销渠道的冲突与管理分析 [J]. 现代营销，2019(1)：163.

[9] 刘宏俊. 多元化市场情况下市场营销的渠道管理 [J]. 经贸实践，2018 (11)：271，273.

[10] 刘玉茹. 试论多元化市场经济中企业营销渠道的管理 [J]. 企业物流，2015，74.

第4章 分"酒"必合：五粮液集团中低端产品渠道变革之路

摘　要：白酒是一种历史悠久、民族色彩浓重的中国传统饮品，同时白酒行业也是反映我国饮食文化和民族特色的重要民生产业。在数字经济和疫情常态化的背景下，白酒消费场景和消费群体已经发生变化，传统营销模式不再适用，渠道改革成为白酒企业走出转型升级困境的首要任务和关键手段。为使集团中低端白酒模块摆脱当前困境，解决原有渠道问题，白酒龙头企业五粮液集团选择进行渠道改革。本案例通过描述五粮液集团两次调整前后渠道结构的不同、渠道矛盾的变化以及渠道激励手段的实施，指出渠道结构的构成要素和表现特征，揭示渠道冲突的多种类型和产生原因，阐明渠道激励的不同形式和五种力量，进一步剖析渠道调整的成功经验和不足之处。该案例能够为准备实施渠道改革的企业提供参考与借鉴。

关键词：白酒行业、渠道结构、渠道冲突、渠道激励

4.1　引言

2022年5月5日，白酒行业巨头五粮液正式发布了2021年年报及2022年第一季度季报，业绩再创历史新高，为投资者带来了一份漂亮的"成绩单"。

近几年中，五粮液加大了消费意见领袖培育、线上销售等营销方式的力度，2021 年线上销售收入为 115.95 亿元，同比增长 64.37%。传统经销模式渠道也收获颇丰，营业收入为 501.37 亿元，实现 10.48% 的同比增幅。

值得一提的是，除了得益于渠道的优化外，五粮液业绩增长的关键在于系列酒产品。2021 年，五粮液系列酒产品营业收入为 126.19 亿元，跨越了百亿级台阶，同比大幅增长 50.71%，毛利率更是达到 59.67%，为集团带来了丰厚的利润。系列酒良好的市场反馈使五粮液集团市场总监黄总十分欣慰。从 2019 年 7 月成立 N 公司启动渠道变革，再到不断完善渠道设计、想方设法激励渠道成员，虽然变革过程中冲突时有发生，但一路的艰辛最终换来了累累硕果。回望过去的征程，黄总感慨万千……

4.2　酒品热卖，暗藏隐患

五粮液系列酒（以下简称系列酒）是知名白酒厂商五粮液集团面向中低端市场推出的自营产品系列。系列酒的品牌种类多达百余种，每瓶酒的价格大部分在 300 元以下，主要面向以自饮和宴席为主的大众消费市场。依托五粮液集团卓越的酿酒工艺和优势品牌，系列酒一经推出就好评如潮，深受酒友喜爱。

考虑到已有的渠道和市场优势，五粮液系列酒最初延续了集团以分销为主的销售模式。公司下属酒厂负责酒水的生产和灌装，下设销售公司专门负责产品销售和市场运营维护。一瓶白酒生产出厂后，要经过经销商、终端等许多中间环节，才能到消费者手中，其中经销商环节由三家销售子公司管控，向下联络各级中间商。

然而，随着时间的推移，上述模式的弊端逐渐暴露。各区域经销商级别多、数量大，渠道资源被大经销商把控，这导致系列酒销量高，但集团获取的消费者信息反馈却十分匮乏。此外，不少区域出现经销商"抱团"、唯大经销商马首是瞻的现象，导致大经销商"挟市场以令厂家"的现象时常发生，而五粮液集团在渠道中的话语权则大幅下降。

这样的情况让五粮液集团市场总监黄总头疼不已。黄总长期负责市场工作，深知满足消费者需求才是营销的重心。如今市场上的消费者和以前有很大差别，互联网帮助消费者快速便捷地获得各类酒品的详细信息，使他们对酒水的辨别和选择能力大大提高。但目前的渠道设计导致市场被经销商把持，难以充分获得消费者信息，阻碍了营销工作的进一步完善，长此以往更会导致五粮液系列酒在激烈的市场竞争中丧失优势。

思考再三，黄总决心进行渠道变革，重新规划设计渠道结构，一方面解决现有的渠道经销商问题，提高渠道掌控力，另一方面为未来更好服务消费者打下基础。

4.3　困难重重，破釜沉舟

经过反复论证，黄总向集团提出了成立新销售公司的建议。2019 年 7 月，五粮液集团将三家销售子公司重组合并为 N 公司，开启了渠道变革的新篇章。

作为五粮液集团下属的、专营系列酒产品的销售公司，N 公司成立后便立刻针对渠道设计进行大刀阔斧的调整。第一步便是重新设定经销商体系，取消经销商原有分级，仅保留省级经销商和市级经销商级别。随后，削减经销商数量，评估经销商的综合能力，与一些价格管控、物流管控能力欠佳的经销商停止合作。同时，N 公司上线了新的管理系统，可以更精准地管理渠道成员，及时了解下游经销商的库存、销售、价格情况。

经由上述调整，大经销商的管理权力降低，集团与消费者之间的信息沟通更加便利，市场部门也能够更加快速准确地感知市场变化。

4.4　渠道调整，矛盾浮现

就在渠道工作渐入佳境时，一份数据报告让黄总皱起了眉头。报告显示，Q 经销商的销量存在问题。渠道管理系统的数据显示，Q 商的库存应有 12000 件。但经过 N 公司核查，Q 商库房实际只有 9000 件商品。消失的 3000 件商品去了哪里？

稽核人员调查发现，Q商没有严格执行集团要求，将商品卖给B市许多终端门店后没有将相关信息录入系统，终端门店也没有将信息录入，导致系统上查不出这些货物的流向，依旧被默认为Q商库存。想起公司在2020年第一次全国经销商大会上再三要求各地经销商配合使用新系统，黄总决定给Q商崔老板打个电话。令黄总没有想到的是，虽然崔老板在电话中承认自己的失责，但是对未来严格执行公司要求的说法却多有搪塞。思来想去，黄总认为这次事件多半是崔老板有意为之，表面上是忘记使用新的管理系统，实际上则是拒绝自己手中的终端资源流向厂家。

在黄总还没想清楚如何有效解决Q商事件时，市场部又在几天后传来了坏消息。系列酒面向中低端酒水市场，其特点是市场大，消费者对于价格也非常敏感。通过调研，市场部发现一些不良经销商为了更快推广其产品、牟取超额利润，无视市场规则和集团的战略方针，乱定价等不讲信誉的行为频繁发生，导致五粮液系列酒的品牌价值不断被稀释。为了规范市场活动，市场部组织召开了经销商大会，在会上宣讲品牌价值的重要性，强调一起增强品牌价值才能够帮助集团和经销商长期获利。同时，考虑到部分经销商缺乏营销知识，市场部对销售环节进行了培训和指导，并提出了整改意见。

万万没想到，市场部的这些做法并没有收获预期的效果。部分经销商对宣讲内容提出了质疑，认为他们才是最了解市场情况的，产品的运营和销售环节不需要集团插手，厂家只要生产供货就好。另外，相较于品牌价值，中低端市场消费者更在乎的是实际让利，所以打折促销就是最能帮助他们获得利润的方式。

这些已经暴露出来的问题让黄总意识到，渠道调整并非接近尾声，许多渠道问题仍待解决。

4.5　线上开道，初露曙光

为了解决问题，黄总和相关部门展开了一系列调研和讨论。调研发现，现有渠道经销商的思维已经基本固化，并不具备完全配合集团进行渠道改革的意愿和能力。但信息化时代消费者占据主导地位已是大势所趋，五粮液应该为长期发展目标积极布局。如果不能进一步改变现有渠道成员认知，那么是否能够寻找其他的方法呢？思索再三，黄总将目光转向了线上渠道。线下渠道过长导致市场信息反馈不充分，那么就开设线上直销渠道，由 N 公司运营人员直接对接消费者；线下渠道价格混乱影响品牌价值，那么就通过线上渠道提供更多公开信息给消费者，逐步规范市场。

黄总这一提议获得了集团的支持。2020—2021 年，五粮液集团逐步建构了自己的线上渠道。首先，建立微信公众号，发布酒类常识和产品知识等文章，并且不定期发放优惠礼券及活动信息，这一措施吸引了众多酒友的关注。其次，与淘宝、京东等电商平台合作，成立官方旗舰店，降低与消费者的沟通成本，获取市场信息。最后，集团与一些知名度较高的抖音、微博网红合作，通过直播带货推进新品销售，加强品牌宣传。

线上渠道的建设帮助五粮液集团进一步实现了渠道变革的目标，同时也解决了原有线下渠道的冲突。一方面，线上渠道帮助集团更好地了解了中低端市场，降低了管理系统的使用与否对企业的影响，仅需要定期对经销商销量与库存进行核实就能够解决问题。另一方面，线上渠道提供了大量公开信息，能够帮助消费者去伪存真，也能够降低线下经销商活动带来的负面品牌价值影响。

4.6 撒下鱼饵，愿者上钩

线上渠道的建设不仅为集团带来了价值，也让线下渠道成员感受到了危机，这使集团与经销商有了更多可以沟通的余地。借助网上店铺正式运营的机会，黄总召开了春季工作会议，与各地销售管理精英共同商议未来渠道管理工作的方向。

负责 B 市市场的郭经理率先发言："对于 Q 商这种类型的经销商，手里的客户资源多，经济实力强大，常规处罚措施对他来说起不到作用，必须让他尝到甜头，他才能配合工作。最近网店开张倒是个机会，他们都害怕以后能拿到的货会减少。"

长年身处一线的资深销售郑经理听后点了点头，顺势说道："我认为可以从奖励机制入手。咱们原先的经销商奖励是根据动销情况发放。我建议将原有的动销考核奖励改为 KPI 考核奖励，销量考核只占六成，其余部分根据价格达标率、终端开发数量、开瓶扫码率等指标评判打分。并且大部分考评数据直接从新系统导出，由公司专人核实。"

见众人听得聚精会神，郑经理继续说道："还可以组织新品动销比赛，已经注册小程序的终端无论是进货、销售还是消费者开瓶都会产生积分，根据系统上的积分进行排名，排名靠前的不仅有物质奖励，还授予'优秀经销商'等称号，让他们面子上也有光。"

经过数小时的商讨，黄总决定采纳大家关于改进奖励机制的意见，安排市场部推进相关工作。不出所料，经销商对于实际奖励和称号都很看重，对集团工作的配合度也显著提高。与此同时，黄总与一些经销商进行沟通，得知他们害怕线上渠道销售价格低会对自己的生意造成影响。考虑到这个问题，郭经理提议成立线上俱乐部试点，月销量及价格达标的商家可以申请加入，加入后享受生日礼赠、回厂游等众多福利。但俱乐部成员也要签订协议，严格按照俱乐部规定实施统一的零售价格，执行统一的促销政策，一经发现违反规定则予以严惩。对于没有进入俱乐部的渠道商，一经发现有低价扰乱市场等情况，停止供货。这一提议获得了经销商的一致支持，短短一年内，各地的线上俱乐部逐渐展开，也取得了良好的效果。

4.7 尾声

办公室外热闹的庆祝声打断了黄总的思绪，低头再看眼前 2022 年第一季度的销售数据，黄总不禁露出了笑容，仿佛通过数字看到了 N 公司成立不到三年来在渠道变革方面的巨大突破。

欣喜只是一瞬，转头看到电脑上显示的关于多渠道融合发展的工作邮件，黄总明白，渠道变革，永远在路上……

启发思考题

1. 五粮液集团为什么要针对其中低端白酒业务板块进行渠道变革？

2. 五粮液集团中低端产品原有的营销渠道具有哪些特征？ N 公司成立后

对原有渠道进行了哪些调整？

3. 渠道变革后产生了哪些渠道冲突？五粮液集团如何解决？

4. 在实施多渠道策略后，五粮液集团进行了怎样的渠道激励？效果如何？

5. 五粮液中低端产品的渠道变革历程对传统消费品企业具有怎样的启示？

案例分析

1. 分析思路概述

渠道是市场营销中的重要概念和问题，也是"营销管理"或"渠道管理"课程的核心内容。本案例以五粮液集团中低端产品渠道的变革过程为主线，通过对该公司的渠道调整、渠道设计、渠道冲突管理、渠道激励等方面进行深入分析和探讨，试图使读者理解、掌握和探讨以下五方面内容：

（1）理解渠道变革的原则和目标；

（2）学习渠道设计的维度及各类渠道设计方法的优劣势；

（3）掌握渠道冲突类型、产生原因及解决方法；

（4）分析渠道激励方式和实施路径；

（5）领悟渠道变革过程中的挑战和应对策略。

2. 案例分析关键要点

1）关键点

基于自身所处的国内市场环境和消费转型机遇，五粮液集团基于扩大市场范围选择强化中低端白酒的战略。在战略实施过程中，对于集团与中间商之间发生的各种冲突，侧重采用不同的渠道改革方式化解冲突。在实施中低端白酒渠道强化后，五粮液集团通过沿用原来的营销渠道，在迅速抢占市场、提高市场普及率方面的效果十分明显，并尝试解决出现的一些问题。

2）关键知识点

渠道冲突、渠道改革、渠道激励。

3）能力点

分析与综合能力、批判性思维能力和解决实际问题的能力。

3. 相关理论知识点

1）渠道对角线理论

渠道对角线理论（channel diagonal theory）由美国营销专家舒尔茨

（Schultz，1998）提出，用于解释渠道支配方的动态变化及其原因，同时也指出了营销渠道的发展趋势。其基本结论是，随着市场的不断发展，渠道权力由市场发展初期的生产商拥有，过渡到市场发展中期的中间商拥有，最终过渡到市场发展成熟期的消费者拥有（见图 4-1）。整个演变过程移动的轨迹为：制造商—中间商—消费者。

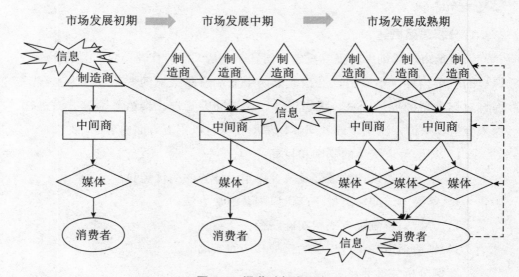

图 4-1　渠道对角线理论

具体而言，该理论认为：

（1）在市场发展初期，渠道权力主要在制造商手中。这主要是因为制造商在专业知识权力、信息权力和参照权力方面比中间商和消费者都有优势。

（2）在市场发展中期，渠道权力转移到中间商手中。首先，**中间商拥有较大的信息权力**。中间商成为渠道交易行为信息的最充分获取者，其信息控制能力的增强大大超出厂商与消费者。其次，**中间商拥有较大的强迫权力**。厂商需要依赖中间商的经销网络将产品传递到消费者手中，因此当中间商对厂商提出种种让利要求遭到拒绝时，可能会采取拒销或退货等处罚性行为，胁迫厂商妥协。最后，**中间商拥有较大的专家权力**。中间商的相对功能优势主要体现在市场网络的构成、销售力等市场运作方面，这些功能优势构成了中间商区别于其他渠道成员的专家权力，而厂商则可能受渠道分工的影响，专注于产品生产与制造功能，导致其与市场交易相关的专家权力萎缩与下降，因此中间商对厂商提出的销售要求更有专业性，也更具有影响厂商的能力。

（3）在市场发展成熟期，渠道权力转移到消费者手中。消费者获得渠道权力有以下两方面的表现。**首先，消费者拥有更大的信息权力**。技术发展为消费者获得信息提供了极大的方便，渠道信息的透明度大大增强，信息获取和传递速度加快，从根本上改变了消费者在信息上强烈依赖中间商的状况，消费者在渠道中的信息权力急速扩大。**其次，消费者拥有更大的专家权力**。随着商品交易活动的增加，消费者逐渐成熟，消费行为更加理智，需求逐渐个性化，使得消费者在渠道中的专家权力日益突出。

2）营销渠道结构

营销渠道结构指渠道系统中成员的构成、地位及各成员间的相互关系。理解渠道结构应明确渠道结构设计的关键要素，即营销渠道的长度、宽度。

（1）营销渠道的长度

营销渠道的长度也称营销渠道的级数或层级结构，指一条营销渠道中从制造商到最终消费者（或最终用户）之间的分销商的层级数，反映了渠道体系中纵向购销中间环节的多少。中间环节越多或层级数量越多，渠道就越长。渠道层级数越大，说明中间的购销环节越多，也意味着渠道中的交易次数越多、交易行为越复杂。

不同渠道长度设计有不同的优缺点。**长渠道的优点**在于能有效地覆盖市场，从而扩大产品销售范围，有利于商品远购远销，而**缺点**在于销售环节多、费用高，同时也不利于厂商及时获得市场情报、迅速占领市场。**短渠道的优点在于**能够加速商品流通、减少商品损耗，同时便于开展售后服务，也有利于维护品牌信誉，**缺点**在于增加了直接营销费用，不利于生产企业大批量组织生产，市场覆盖面小等。

（2）营销渠道的宽度

营销渠道的宽度也称渠道的密度，反映了营销渠道中同一层级（或分销环节）横向分销商的多少。渠道的宽度受产品的性质、市场特征、用户分布以及企业分销战略等因素的影响。一般而言，同一层级横向分销商越多、密度越大，渠道就越宽。

按照同一层级分销商数量的多少，可将**渠道的宽度结构分为密集型分销渠道、选择性分销渠道和独家分销渠道三种形式**。三种分销渠道各有利弊。

密集型分销渠道的优势在于市场覆盖面较大、顾客接触率高、充分利用中间商，劣势在于控制渠道难、费用高、分销商竞争激烈。**选择性分销渠道**的优势在于控制渠道容易、市场覆盖面大、顾客接触率较高，劣势在于分销商竞争较激烈、选择中间商难。**独家分销渠道**的优势在于控制渠道较易、分销商竞争程度低、节省费用，劣势在于市场覆盖面积小、顾客接触率低、过分依赖中间商。

3）渠道冲突

渠道冲突是指营销渠道中一个成员意识到其他成员阻挠自己实现目标或有效运作，以及从事伤害、威胁自己利益，或者其他损人利己的活动。因此，渠道成员之间出现的敌对意识、情绪以及行为，都可以看作是渠道冲突。冲突与竞争最大的区别在于其目标不同，竞争是为了取得胜利，而冲突更想要的是击败对手。所以说当一个渠道成员的障碍不是市场而是另一个渠道成员时，则发生了渠道冲突。根据发生冲突的渠道成员之间的关系，可以将渠道冲突分为以下三种类型（见表 4-1）。

表 4-1 渠道冲突类型

渠道冲突类型	渠道冲突的定义	常见的渠道冲突表现	渠道冲突的后果
水平冲突	同一渠道中同一层次的渠道成员之间发生的冲突	1. 窜货行为； 2. 恶意抢标行为； 3. 跨区、跨行业报价	1. 渠道价格体系混乱； 2. 经销商店大欺客
垂直冲突	同一渠道中不同层次渠道成员之间发生的冲突	1. 渠道商停止进货； 2. 渠道恶意索要账期； 3. 厂商惩罚性断货	1. 与渠道商合作中止； 2. 下级渠道可能转投竞争对手
多渠道冲突	企业建立了两条或者多条渠道，不同渠道的渠道成员发生的冲突	1. 渠道商投诉线上渠道价格不公平； 2. 项目抢报	1. 渠道价格体系混乱； 2. 不同渠道间合并或消失

（1）水平冲突。从发生冲突的渠道成员之间的关系上看，水平冲突指的是同一层次的渠道成员之间发生的冲突。在现实社会中，这种冲突更多表现为跨区域窜货。

（2）垂直冲突。从发生冲突的渠道成员之间的关系上看，垂直冲突指的是同一渠道中不同层次的渠道成员之间发生的冲突。这种冲突更多出现在生产商与批发商之间，以及批发商与零售商之间。

（3）多渠道冲突。多渠道冲突指的是不同渠道之间发生的冲突，它有两个前提，一个是企业已经建立起两个或两个以上的渠道，二是不同渠道之间有着相同的目标市场。

路易斯·W. 斯特恩和阿德尔·埃尔 - 安赛瑞（Louis W. Stern and Adel El-Ansary）指出，渠道冲突产生的根本原因有三个，即目标不相容、归属差异和对现实认知的差异。具体如下。

① **目标不相容**。指在渠道运作过程中，各个渠道成员根据自身的利益需求会有各自不同的主张和需求，这就导致渠道成员间的个体目标不同，进而产生了冲突。

② **归属差异**。指渠道成员在有关目标顾客、销售区域、渠道功能分工和技术等方面的归属上存在矛盾和差异。

③ **对现实认知的差异**。指渠道成员之间对渠道中事件、状态和形式的看法和态度存在分歧。

4）多渠道营销

多渠道营销是对同一或不同的细分市场，采用多条渠道的分销体系。为有效占领多个细分目标市场，多渠道系统成为许多企业的选择。然而多渠道系统也面临着许多挑战，需要采取恰当的激励措施。

5）渠道激励

渠道激励是指制造商为了实现渠道销售目标，针对渠道成员实施的各种促进措施和激励方法。**渠道激励的方式包括直接激励和间接激励。直接激励是**指通过给予渠道成员物质或精神的奖励激发其积极性，从而实现公司的销售目标。**间接激励**则是指通过帮助渠道成员进行销售管理，以提高销售的效率和效果来激发渠道成员的积极性和销售热情的一种激励手段。

渠道激励的机制可分为五种——强制力量、报酬力量、法律力量、专家力量、借势力量。

（1）强制力量。当中间商不合作时，制造商就威胁收回资源或中止合作关系。

（2）报酬力量。中间商执行特定活动时，制造商给予的附加奖励。

（3）法律力量。制造商依据合同所载明的规定或从属关系，要求中间商有所行动。

（4）专家力量。制造商拥有中间商看重的专门知识。

（5）借势力量。制造商有很高的声誉，中间商以与制造商合作为荣。

4. 案例思考及分析

1）五粮液集团为什么要针对其中低端白酒业务板块进行渠道变革？

根据渠道对角线理论，五粮液集团进行渠道变革主要出于两个方面的原因：①原有渠道模式中，渠道权力主要掌握在中间商手中，一定程度上伤害了集团的利益；②渠道权力已经开始从中间商向消费者手中过渡，但集团既有的市场渠道模式并不能充分满足消费者的需求。因此需要通过渠道变革更好地建立与消费者之间的联系。以下进行详细分析。

首先，在渠道变革前，**五粮液集团中低端产品销售渠道的渠道权力掌控在中间商手中**，表现为：

（1）中间商掌控较大的信息权力。由于采用了经销商代理模式，五粮液集团在中低端产品的销售上只和中间商（即经销商）进行对接，并不参与实际的渠道交易活动的管理。而中间商则牢牢掌控着将五粮液集团中低端产品销售给消费者的全部渠道活动及相关的渠道交易行为信息，并且可以自由决定将多少相关信息透露给五粮液集团。这导致五粮液集团既难以透彻地了解这些产品在出厂后的实际销售情况，也缺乏对于购买这些产品的消费者的深入认识。

（2）中间商掌控较大的强迫权力。由于采用了大分销的模式，五粮液集团通过设立各级经销商来辐射全国，集团与消费者距离较远，对消费者的影响有限。而经销商对于消费者的影响以及对市场的影响逐渐增强，因此厂商依赖中间商将产品传递到消费者手中。经销商开始对厂商提出种种要求，厂商为了尽可能保住自身利益而只能对经销商妥协，这使经销商无论是对消费者抑或是厂商的强迫权力不断增大。

（3）中间商掌控较大的专家权力。由于选择了大分销的模式，五粮液集团只负责生产，经销商只负责销售，渠道成员的功能趋于专业化。这导致经销商利用自身在销售方面的专家权力，向厂商提出一些看似专业实则损害厂商利益的要求，最大化自身利益；厂商由于缺少专家权力，往往只能同意。

其次，**五粮液集团中低端产品销售渠道的渠道权力逐渐向消费者手中过渡**。这主要表现为：

（1）消费者的信息权力快速扩大。五粮液产品的消费者必须依赖中间商提供产品信息的情况不复存在。就中低端白酒产品市场而言，消费者如今可以随时查询到几乎所有在售的中低端白酒产品的详细产品信息和可选销售渠道，并以完全自主的方式完成商品购买的选择。整个信息搜索和决策过程无须依赖任何特定的中间商。

（2）消费者的专家权力急剧增强。 由于生活水平的提高，消费者的品鉴能力和饮酒品味也逐渐提高，更加倾向于购买品质优良、入口舒适的酒水。就中低端白酒产品市场而言，现在人们更加关注酒质和口感，对白酒的认知往往有自己的观点，对白酒产品的要求更高。

然而， 对于五粮液集团中低端产品原有渠道而言，一方面营销渠道较为**单一**，主要运用传统线下渠道，但后疫情时代线下渠道销售却长期受挫；另一方面，**渠道层级较多**，产品需要依靠各地各级经销商进行层层销售，缺乏直接与消费者进行交易和交流的渠道。因此，五粮液集团中低端产品原有的渠道设计**并不能充分满足白酒消费者的需求，需要进行渠道变革**，从而更好地建立与消费者之间的联系。

2）五粮液集团中低端产品原有的营销渠道具有哪些特征？N 公司成立后对原有渠道进行了哪些调整？

本题通过对五粮液集团中低端产品在 N 公司成立前后的营销渠道结构进行对比，从渠道长度和渠道宽度两个方面分析了其营销渠道的变化（见图 4-2）。

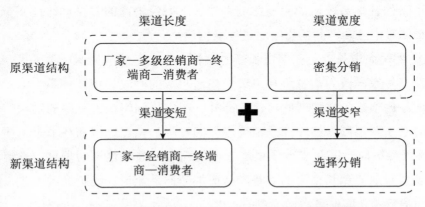

图 4-2 五粮液中低端产品在 N 公司成立前后的营销渠道结构对比

（1）原有营销渠道结构。 整体而言，五粮液集团中低端白酒业务的原有渠道体系采用"分销＋直营"模式向全国各地市场进行销售，并且以传统分销模式为主，直营只占很小一部分。**从渠道结构的长度与宽度两个方面分析，五粮液集团的原有渠道体系属于又长又宽的渠道模式。**具体而言：

① **渠道长度较长。**在五粮液集团中低端白酒产品的原有渠道体系中，**自营产品**从生产出厂到消费者手中的过程大致可以概括为"**厂家—经销商—终端商—消费者**"。其中，在经销商环节，五粮液的经销商体系中存在销售子公司以及一批商、二批商、三批商等不同层级。因此，五粮液集团原有的渠道体系中，白酒产品需要经历至少三个层级才会到达消费者手中，说明五粮液集团中低端白酒业务原本的市场渠道长度较长。

② **渠道宽度较宽。**五粮液集团原本针对其中低端白酒产品设有三家销售子公司（即后来被合并为 N 公司的三家子公司），每个销售子公司下设一批商、二批商、三批商，并由三批商对接管理终端商（部分小经销商、专卖店等）。在这样的分销渠道中，子公司和各级批发商的级别多、数量大，说明五粮液集团原本的市场渠道宽度较宽，属于**密集型分销**。

（2）N 公司成立后的营销渠道结构调整。五粮液集团在 N 公司成立后对其中低端产品销售渠道进行变革，变革核心是以 N 公司取代多个销售子公司，直接对接批发商、零售商。具体措施包括：第一，重新设定经销商体系，将过去的多级批发商体系，改为省级经销商和市级经销商两个级别，其余级别经销商进行相应调整；第二，削减经销商数量，择优选择经销商合作；第三，导入了新的管理系统，加强与终端客户、下游经销商的联系。通过变革，五粮液集团对中低端产品销售渠道进行结构调整。

① **缩短渠道长度。**在渠道长度的调整方面，五粮液集团取消了原来的多级批发商体系，改为由省级和市级经销商组成的两级经销商体系，缩短了渠道长度。调整后，五粮液的自营产品从生产出厂到消费者手中的过程依旧遵循"**厂家—经销商—终端商—消费者**"的过程，但在经销商环节上只需经过省/市级经销商，因此实现了渠道长度的缩短。通过这样的调整，五粮液集团可以更好地避免长渠道的劣势，从而加速商品流通，维护品牌信誉，也缩短了和消费者之间信息沟通渠道的长度。

② **缩窄渠道宽度。**在渠道宽度调整方面，五粮液集团成立 N 公司，在各渠道中择优选择经销商合作，缩窄了渠道宽度。调整后，五粮液集团的销售公司由三家销售子公司合并为 N 公司一家，采取选择性分销方式，择优选择

经销商，使同一营销层级上的销售公司、经销商都变少，实现了渠道宽度的缩小。通过这样的调整，五粮液集团可以更好地发挥选择分销的优势，即控制渠道容易、市场覆盖面大、顾客接触率较高。

3）渠道变革后产生了哪些渠道冲突？五粮液集团如何解决？

在对原有的中低端白酒营销渠道进行整体调整后，五粮液集团遇到了两种新的垂直渠道冲突，具体分析参见图 4-3。

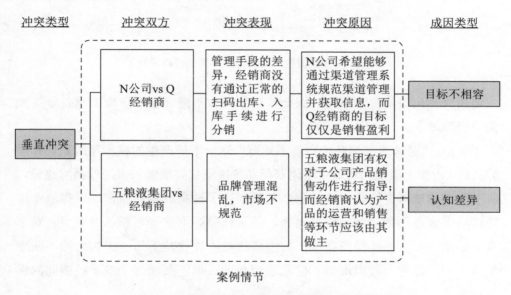

图 4-3 成立 N 公司后新出现的垂直渠道冲突

针对以上两方面的渠道冲突，五粮液集团采取了**多渠道策略**进行解决（见图 4-4）。具体而言，在原有线下渠道的基础上，五粮液集团以开通网上旗舰店的形式增加了线上销售渠道。由此，五粮液集团可以直接接触消费者开展零售业务，形成"线下长渠道、线上短渠道"的渠道模式。这一决策可以有效解决管理手段矛盾、品牌管理混乱的问题。

（1）"管理手段的差异"这一矛盾产生的根本原因是目标不相容，而线上渠道的增加有效建立了渠道间隔，使两个渠道中的成员均能够根据自身目标开展营销活动，从而解决了冲突。具体而言，N 公司能够通过线上渠道更好地服务部分经销商、终端商，并能够更好地了解市场信息。而以 Q 经销商为代表的一部分经销商则可以遵循传统的营销模式，可以由经销商自行根据

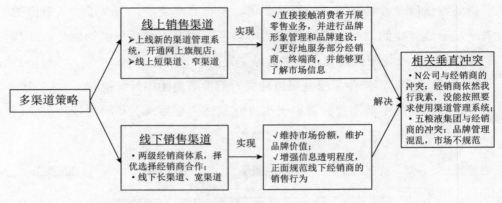

图 4-4 多渠道策略解决渠道冲突的过程分析

需要选择使用渠道管理系统。因此,由经销商不配合管理导致的垂直渠道冲突得已经解决。

(2)"品牌管理混乱,市场不规范"这一矛盾产生的根本原因是认知差异问题,而线上渠道的增加使集团获得品牌决策权并能够积极进行品牌建设,线下渠道也能够专注于市场销售,从而解决了冲突。具体而言,五粮液集团通过线上官方渠道对商品进行销售,并进行品牌形象管理和品牌建设。对于线下渠道,一方面经销商在线下的销售活动能够收益于品牌影响力的不断增加,另一方面线上渠道增强了信息透明程度,也正面规范了线下经销商的销售行为。

4)在实施多渠道策略后,五粮液集团进行了怎样的渠道激励?效果如何?

在选择多渠道策略后,五粮液集团采取了一系列的渠道激励措施,如改变考核方式、开展销售竞赛、建立线上俱乐部试点等。**通过对这些渠道激励措施进行分析可以发现,五粮液集团将直接激励与间接激励相结合,并借助报酬力量、法律力量、强制力量进行渠道激励**(见图4-5)。

一方面,五粮液集团采用了直接激励的激励形式,即通过给予渠道成员物质或金钱的奖励激发其积极性。例如,五粮液集团借助**报酬力量**,采取了**改变考核方式**的渠道激励措施,将新的管理系统中许多客观可见的数据添加到绩效考核指标中,形成新的 KPI 考核机制。通过使经销商的实际获利与厂家系统的使用产生直接联系,利用利益引导经销商正确使用厂家新系统,并且规范其相关市场行为。又比如,五粮液集团采取了**开展销售竞赛**的渠道激

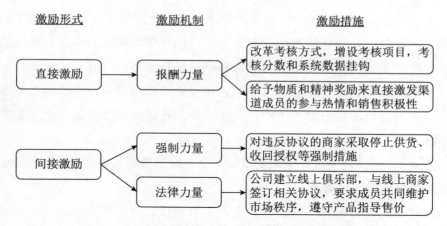

图 4-5　五粮液集团在选择多渠道策略后的渠道激励措施分析

励措施，以管理系统中相关销售数据为依据，开展全国经销商和终端店之间的新品动销比赛，获胜后有物质奖励，而且会被授予"优秀终端"和"先进经销商"的称号。通过物质和精神奖励促进产品销售和市场推广，增加厂商之间的黏性与互动。

另一方面，五粮液集团采取了间接激励的激励形式，即通过帮助渠道成员进行销售管理，激发渠道成员的积极性。例如，五粮液集团借助**报酬力量**和**强制力量**，采取了**建立线上俱乐部**的渠道激励措施，在经济发达地区设立线上俱乐部试点，电商在成为俱乐部成员后，在享受入会福利的同时又要履行相应的义务，违反俱乐部管理规定的成员会受到相应处罚。利用俱乐部的奖惩帮助经销商进行销售管理，约束、规范了线上渠道成员的行为。

5）五粮液集团中低端产品的渠道变革历程对传统消费品企业具有怎样的启示？

基于前四题的梳理分析，本题可引导读者回顾五粮液集团中低端产品的渠道变革历程，从渠道变革的原因、渠道设计调整和渠道冲突管理等方面探讨该案例对其他传统消费品企业的借鉴意义。参考分析思路如下：

启示 1：企业应当持续关注和衡量其渠道权力的掌控者是否发生变化，并及时针对企业的实际需求选择变革方向。

渠道对于企业的营销活动至关重要，随着环境发生变化，渠道也应当进行相应调整。在本案例中，五粮液集团通过识别渠道权力掌控者的变化，进行了渠道调整。通过渠道变革，五粮液集团更好地建立起与消费者之间的联系，加强了品牌建设并规范了市场，起到了较好的作用。因此，如果渠道权力的掌控者发生变化，企业应该选择对原有渠道进行变革，并针对企业的实际需求选择变革方向。如中间商权力大，企业要通过渠道变革增加自身控制权。如渠道权力已过渡到消费者手中，企业则应当通过渠道变革更好地了解和服务市场。

启示 2：在决定要进行渠道变革后，企业应当根据其实际需求和渠道变革的方向进行渠道设计调整。

渠道模式各有利弊，企业应当根据需求选择最合适的渠道设计。在本案例中，五粮液集团考虑到渠道变革的目标，为更好地接触市场、加强公司的渠道控制力，通过改革缩短了渠道长度。同时，为了加强市场管理、维护品牌价值，集团缩窄了渠道宽度。而当渠道发生冲突时，五粮液集团又再次对渠道设计进行了调整，通过多渠道策略有效解决了冲突，并达到渠道管理的目标。因此，企业的渠道设计应当根据渠道管理需要，基于各种类型渠道长度、宽度的利弊合理选择渠道形式，为企业实现营销目标奠定基础。

启示 3：企业应当重视渠道变革后产生的渠道冲突问题。

当渠道进行变革后，由于结构和管理方式进行了调整，出现渠道冲突的可能性较大。一方面，出现冲突时要及时处理，避免造成较大负面影响。例如，在本案例中，五粮液集团在渠道变革后面临了较大的垂直冲突，通过采用多渠道策略消除产生冲突的根本原因，才有效避免了冲突带来的负面影响，如失去渠道成员的信任或损害品牌声誉。另一方面，企业应当长期通过有效的渠道激励，统一渠道成员的认识，避免渠道冲突的发生。在本案例中，五粮液集团为了充分发挥渠道作用，采取了一系列的直接或间接渠道激励措施，加强了渠道成员的关系，为渠道发挥作用提供了保障。

5. 推荐阅读

[1] 赵星宇，庄贵军. 渠道多元化对制造商 - 经销商之间合作关系的影响 [J]. 管理学报，2021，18(1)：110-117.

[2] 董进才，宣蕾蕾. 分销渠道密度影响因素研究综述 [J]. 商业经济研究，2015(4)：54-57.

[3] 路易斯·W. 斯特恩，艾德尔·I. 厄尔 - 安萨利，安妮·T，库格兰. 营销渠道 [M]. 5 版. 北京：中国人民大学出版社，2000.

[4] 李春成，黄思思 . 渠道冲突类型及其协调策略研究 [J]. 华中农业大学学报（社会科学版），2016(4)：114-120+132.

[5] 加里·阿姆斯特朗，菲利浦·科特勒，王永贵 . 市场营销学 [M]. 12 版 . 北京：中国人民大学出版社，2017，299-3.

[6] WATSON I V, GEORGE F, STEFAN W, et al. The Evolution of Marketing Channels: Trends and Research Directions[J]. Journal of Retailing, 2015, 91(4): 546-568.

[7] 邵昶，蒋青云 . 营销渠道理论的演进与渠道学习范式的提出 [J]. 外国经济与管理，2011，33(1)：50-58.

[8] 张闯 . 中国营销渠道研究 30 年：回顾与展望 [J]. 北京工商大学学报（社会科学版），2020，35(6)：1-14.

[9] PALMATIER R W, LOUIS W S, EI-ANSARY A I, et al. Marketing Channel Strategy[M]. 8th ed. Upper Saddle River: Pearson Prentice Hall, 2014.

[10] ZHANG J Z, WATSON G F, PALMATIER R W, et al. Dynamic Relationship Marketing[J]. Journal of Marketing, 2016, 80(5): 53-75.

营销传播篇

第5章 内容为王:《乐队的夏天》的内容营销之路

摘　要:近些年消费者市场从卖方市场转向买方市场,用户消费决策越来越理性。通过传统营销方式获取的用户留存低、付费差,导致企业获客成本越来越高。因此,越来越多的企业开始重视内容营销。好的内容可以帮助企业提升品牌认知、教育市场、建立与客户的信任,以及挖掘并培育商机。爱奇艺公司作为在线长视频行业的领先者,近些年打造了多个网络自制综艺节目,其中之一便是乐队类综艺节目《乐队的夏天》。这一综艺凭借其丰富又独特的内容和极具趣味性的互动营销模式,成为当之无愧的爆款综艺,为爱奇艺创造了可观的价值。爱奇艺为什么会选择打造《乐队的夏天》这款综艺节目?为什么选用内容营销作为主要营销方式?主要采用了哪些内容营销策略?效果如何?本案例为企业在移动互联网发展新趋势下通过内容营销构建品牌资产提供借鉴和参考。

关键词:乐队的夏天、内容营销、品牌资产、CBBE模型

5.1 引言

2014 年是中国网络自制综艺节目的元年。这一年

中，网络自制综艺节目开始受到资本市场的重点关注，网络自制综艺节目数量出现爆发式增长。其中，爱奇艺和米未传媒有限公司（以下简称米未）联手打造的语言类网络综艺节目《奇葩说》成功脱颖而出，扛起了网络综艺节目新时代的开篇大旗，成为2014年公认的现象级综艺节目。

四年之后，爱奇艺与米未再度联手，打入全新的乐队综艺节目赛道，希望通过《乐队的夏天》这款节目让当代更多年轻人领略乐队文化的魅力。谈到乐队，从20世纪八九十年代开始就诞生了诸如Beyond、零点乐队、唐朝乐队等一大批优秀的摇滚乐队，21世纪后出现的花儿、五月天、苏打绿等青年偶像乐队也备受年轻人追捧。此外，每年在全国举行的近200场音乐节也热闹非凡，吸引了大量粉丝前往，乐队的魅力由此可见一斑，拥有较大的市场潜力。

《乐队的夏天》这款综艺节目以乐队竞演为主线，通过音乐表演和人物访谈的方式为观众打开通往乐队世界的大门。第一季节目于2019年5月25日上线，迅速火爆全网，热度居高不下，随着节目播出，在第三方评论网站的节目评分也一路走高，收官时评分高达8.8分。节目第一季共斩获70个微博热搜、78个微博热门话题，"乐队的夏天"相关话题词累计阅读量破280亿，节目中的一些亮点更是登顶微博热搜。有超过1500个微博头部KOL助力推广节目，转发并参与话题。官方抖音账号累计粉丝量46万，发布的270条节目精剪视频带来了超过2.3亿次的播放量。官方账号还通过运营话题、造梗的方式，联动平台内其他自带流量的抖音大号参与到话题讨论当中，他们各自发挥优势，为节目贡献了很多优质内容。节目中部分作品脍炙人口，如《别再问我什么是迪斯科》《你要跳舞吗》《艾瑞巴迪》等，更是冲破节目圈层，"入侵"到中老年广场舞中，一时间大街小巷都在播放《乐队的夏天》的音乐作品，充分展现其极高的影响力。

米未和爱奇艺更是本着"广告就是内容，内容就是广告"的制作理念，结合节目自身的乐队题材属性，不断开发出相契合的创意广告产品，既让品牌满意，又能引发用户共鸣。在《乐队的夏天》中，独家冠名商优酸乳便以原生广告的形式，实现了品牌特点和节目内容的深度融合。同时米未还首次将内容场景开放给客户设计，充分发挥客户的想象力，与客户共创品牌价值。2020年第九届娱乐营销论坛暨5S金奖颁奖典礼上，《乐队的夏天》一举拿下"最佳网络综艺营销案例"等12项大奖。

《乐队的夏天》已然成为 2019 年暑期最热门的话题之一，节目出圈也为这些优秀的乐队带来了更多流量。同时，节目也展示出小众音乐及小众音乐人们最真实的状态，体现了中国音乐的多样性和追求个性、崇尚自由的乐队精神。这款综艺也让更多人认识到，爱奇艺公司致力于深耕垂直类综艺节目内容，不断探索和引领年轻群体的内容消费喜好，打造高品质的娱乐综艺节目。

5.2 行业背景

从 2007 年中国第一档互联网综艺节目《大鹏嘚吧嘚》问世至今，中国网络综艺走过了高速发展的十年，节目选题越发丰富多元。截至 2020 年，中国网络自制综艺数量近 200 部，增长率达 400%。网络视频平台不再是一个依附性媒体，而是一个独立媒体，其用户基础就可以为自制内容带来巨大流量。且自制内容版权永久归属网络平台，所以网络自制节目可以有效培养用户与平台的黏性。因此各个平台在自制内容选择上从以往"一锅烩"的泛娱乐方向逐渐转变为更加细分的垂直领域，希望打造独具特色的节目以获得更多观众的青睐。

在移动互联网时代下，移动化、碎片化、互动化的消费体验成为主流趋势。用户获取信息的渠道越来越丰富，买卖双方的信息差也在不断缩小，用户可以从多个途径快速获取到信息，反复权衡后再做出消费决策。相反地，企业获取用户的成本逐年增加，传统营销方式获取的用户表现出存续性差、消费意愿低等问题，已远不能满足广告主和消费者的诉求。"酒香也怕巷子深"，企业仅向市场提供优质产品远远不够，还需要打造优质品牌形象、讲好品牌故事。而内容营销，就是通过向用户提供有价值的内容信息，寻找品牌、产品、内容与用户四者间的契合点，促使用户感性消费。一个好的营销内容，不仅可以更长久地吸引观众注意力，提升用户对产品和品牌的黏性，还能通过用户的二次传播带来更多流量，让更多用户在不知不觉中被"种草"，最终为感性价值买单。因此，越来越多的企业将内容营销作为在市场上占据竞争优势的突破口。

5.3　爱奇艺公司

爱奇艺成立于 2010 年 4 月 22 日，是国内领先的在线版权视频播放平台，于 2018 年 3 月 29 日正式在美国纳斯达克（NASDAQ）挂牌上市，股票代码为 IQ。购买影视剧版权是公司资金重担之一，只依靠版权剧集显然不是长久之计，因此降低节目内容成本、实现节目差异化是爱奇艺寻求长远发展的必经之路。爱奇艺利用已有的用户数据优势，重新审视网络综艺内容题材，不断推陈出新，打造出多款现象级网络综艺节目，成功让自制综艺节目成为爱奇艺的响亮头衔。

2014 年 4 月 18 日，爱奇艺正式宣布将以独立工作室的模式生产综艺内容。2021 年，50 多个内部工作室全面投入生产，每个工作室专注于青年用户市场的不同赛道，输出高品质的自制影视剧和综艺内容，满足用户的多样化需求。除内容制作外，爱奇艺自身也拥有完备的技术团队和营销团队来支持节目的出品发行、营销推广和技术服务，爱奇艺近年来让人目不暇接的高品质自制内容，离不开其全力打造的内容生态闭环。

米未成立于 2015 年 9 月 16 日，由马东创立并担任首席执行官，是爱奇艺公司的重要内容供给方之一。马东曾出任爱奇艺首席内容官，团队的其他成员也大都来自爱奇艺《奇葩说》制作团队。米未传媒重点聚焦于个体价值和与用户感受，尤其是"90 后"个体，这一类群体有自己独特的思维逻辑和语言体系，对新鲜感有执着的追求。米未与爱奇艺合作紧密，先后推出了《奇葩说》《饭局的诱惑》等高质量原创综艺节目，均收获了不错的流量和口碑。

5.4　差异化定位，填补乐队题材综艺市场空白

2018 年 7 月，米未召集所有员工进行一年一度的年中会议，会议主要讨论未来一至两年内年轻观众喜爱的内容题材。值得一提的是，参加这次公司战略级会议的员工平均年龄不超过 23 岁，大多数人都是初出校门的应届生。

年轻人是米未公司的特色之一，尽管没有丰富的工作经验，但具有"95 后"独有的思维方式。年轻人们在这次会议上提出了很多与众不同的创新想法，不过都没有打动米未首席运营官牟总。

在一个炎热的午后，牟导面试了一位"90 后"女孩。在面试中，这个女孩提了一个令人意想不到的要求："如果我面试通过，请允许我用 30% 的时间来上班，30% 的时间做乐队，剩余时间我要生活。"牟总没有急着否定这个看似无理的要求，而是示意女孩继续说下去。"即便我未来一事无成，我也不会埋怨自己，因为我的生命中不能没有乐队。"牟总在这个女孩严肃认真的神情中，看到了乐队人的热忱、真实及不愿妥协，看到了整个中国乐队行业艰难现状的缩影。事实上，许多乐队做音乐的收入每月只有 1000 元，还有些乐队成员是教师、白领、公务员，只能利用工作之余排练写歌，这些人往往游走在放弃的边缘，"不挣钱，没希望"刻画了中国乐队人的困境。和这个女孩的短暂交流让牟总意识到，目前国内还没有一档真正反映乐队精神的节目，这种执着和坚持，可以让心中有热爱的人产生共鸣，让没有热爱的人生感到羡慕，牟总看到了这类潜在用户群体。

牟总立刻着手与爱奇艺的营销团队联合，利用大数据对该市场领域进行分析论证。当今电视和网络综艺节目经过多年发展已形成相对固定的细分市场，如音乐类综艺节目、真人秀综艺节目、语言类综艺节目、情感类综艺节目等（见表 5-1），各大品类竞争激烈，头部综艺品牌经过多季的播出积累了大量观众，地位稳固。然而电视音乐综艺节目近年创新不足，观众审美疲劳，正是网络综艺节目切入的良机。新生网络综艺节目如果想撬动市场，就必须把创新刻在骨子里，找到最符合当今年轻人口味的题材。

表 5-1　爱奇艺公司对当前网络综艺节目市场的赛道划分

一级赛道	定　义	项 目 举 例
竞演 （主赛道）	以比赛、打榜形式评比技艺，或表演类音乐、舞蹈节目，主要依托舞台展开，参与的选手多数在该领域有一定经验	《全能星战》《我是歌手》《舞蹈风暴》《声临其境》《演员请就位》等
选拔类 （主赛道）	指一般的普通民众（草根）通过节目展示自己的某类特长与才艺，并赢得观众支持，通常有排名性质	《青春有你》《创造营》《明日之子》《中国达人秀》《这！就是街舞》《中国好声音》等

续表

一级赛道	定　义	项目举例
生活情感	关注生活中的各种情感关系，包括人和人、人和环境、人和动物等，给予受众情感共鸣，对目标受众心理产生治愈效应	《做家务的男人》《妻子的浪漫旅行》《喜欢你我也是》等
游戏娱乐	在规定情景中，按照既定规则，单人或团体做出响应的行动，主要强调冲突性、游戏性	《明星大侦探》《密室逃脱》《奔跑吧》《极限挑战》《王牌对王牌》等

在行业内，综艺市场按照年龄可大致分为 19 岁以下青年市场、19~29 岁青年市场、30~40 岁中年市场以及 40 岁以上中老年市场，爱奇艺公司首先确定将自制综艺聚焦在 19~29 岁青年用户市场。公开数据表明，青年用户是网络综艺节目市场的核心用户，具有观看时间长、黏性强、互动传播力强的特点，可以为企业带来更高的回报率，也是行业里争相获取的用户群体。

爱奇艺公司凭借网络视频平台运营多年所积累的大数据，深挖 19~29 岁青年用户的画像特征，从兴趣爱好、生活方式、情感特征等维度对青年综艺市场做了进一步细分。

纵观 2018 年前后的网络综艺市场，现象级的说唱类综艺节目、国风类综艺节目及街舞类综艺节目，无一不是瞄准了亚文化的蓬勃发展。电视综艺"一刀切""大锅烩"的时代早已经远去，用户圈层化时代正式来临，垂直细分后的网络综艺节目将成为各家网络平台期待的蓝海市场，而乐队主题恰恰瞄准了综艺市场空档，与其他综艺形成了明显的差异化定位。

米未和爱奇艺迅速成立了一个 80 人的乐队导演组，由牟总牵头，正式展开了对国内外乐队的前期调研。导演组研究了大量资料和文献，从市场背景、文化背景、生存现状三个方面进行了反复论证，得出了以下结论：国内外乐队都经历了长时间的发展，拥有丰富的内涵。但目前国内乐队的生存现状堪忧，有大量不为人知的优质乐队活跃在"地下"，疲于为生计奔波，只能在工作之余排练写歌。理想因现实而妥协，不仅是乐队人的现状，也是现如今许多年轻人生活状态的真实写照。那些未曾实现的理想，是藏在内心深处不敢触碰的不甘。牟总希望借助乐队人对音乐事业的不懈努力唤醒当代年轻人的赤子之心，激励他们勇敢追梦。

经过半年多的精心筹备,导演组最终遴选出了 31 支参赛乐队。这些乐队几乎涵盖目前最为主流的音乐风格,从年龄层上也覆盖老、中、青三代,既有国内老牌的"面孔乐队""痛仰乐队"坐镇,也有"90 后"新生代的"盘尼西林乐队""斯斯与帆"。多元共生的音乐风格、碰撞融合的节目形态,巧妙地实现了大众与小众的互补融合,在大众也能接受的音乐表达方式中,传递不同乐队的独有特色。

5.5　预热宣传,提前锁定目标用户

节目于 2019 年 5 月正式开始录制,但是录制了没两期就遇到了大麻烦。导演组发现乐队人都非常不好"管理"。他们习惯于遵循自己的意愿做事,不愿按照安排好的流程录制节目。这种"无规矩"的场面让年轻的导演组措手不及。米未管理团队得知后紧急决定:《乐队的夏天》节目的独特性使录制无法照搬其他品类综艺经验,索性我们就没有剧本,只设计赛制和流程框架,在保证进程正常推进的前提下,让各乐队在框架中自由发挥。

与参赛乐队达成一致后,节目恢复了录制。在没有约束的录制环境中,参赛乐队们像重新飞上天空的小鸟一样尽情展示才华,镜头前的每个人都是真实、鲜活的,呈现出丰富生动的音乐作品。盘尼西林乐队现场改编的一曲 *New Boy* 将现场的观众拉回 20 年前,让一向沉着冷静的张亚东联想过去而情绪失控,泪流不止;痛仰乐队主唱和主持人的"互怼"也成为节目的一大看点;朴树作为受邀的飞行嘉宾,在新歌唱完没多久便以回家睡觉为由离开了录制现场,让所有人大跌眼镜……这些趣事都将成为后续开展内容营销的发力点,也将是用户集中讨论的热点话题,为打赢内容营销之战奠定了基础。

虽然节目从 5 月才开始录制,但爱奇艺的营销团队早在 2 月份就已经开始前期的宣传预热工作。名为"乐队的夏天"的微博官方账号在 2 月 18 日发出第一条微博内容:"乐队的夏天乐迷团正式开启招募,预计 5 月开始录制"。由于在节目开始录制前缺乏更多物料用于宣传推广,因此在录制前的两个月中,官微以分享乐队小故事为主,慢慢积累粉丝用户。但乐队圈层中用户音

乐品味大相径庭，乐队之间的粉丝群体也存在社群隔离的特点，给营销团队获取用户大大增加了难度。

如何快速找到目标用户？营销团队首先想到的便是线下音乐节。音乐节像一个综合社区，将大量不同乐队的粉丝乐迷们聚集在一起，可以为节目快速、精准地获取用户。但线下场景获取用户的方式过于低效，因此营销团队积极与社交媒体上已有大量粉丝基础的 KOL 乐评人及参赛乐队合作，通过这些大号发布的节目相关内容吸引其粉丝群体；并邀请 KOL 参与到现场录制中，让他们发布观演的照片和感受，通过 KOL 的影响力和号召力吸引更多不同领域的用户关注到《乐队的夏天》。爱奇艺营销团队充分发挥微博平台传播快、内容形式丰富、KOL 号召力强大的优势，强调明星、参赛乐队、观众三者间良性互动，鼓励用户积极参与到每日话题讨论中，保持粉丝活跃度，逐渐培养节目在用户心中的品牌形象，拉近品牌与用户之间的距离。

除了在微博预热之外，内容营销团队还充分发挥爱奇艺微信公众号矩阵的优势，通过"爱奇艺综艺""爱奇艺校园"等垂类账号开展有针对性的校园活动，通过"爱奇艺""爱奇艺 VIP"等品牌主号发布节目信息，与数千万粉丝直接建立联系。爱奇艺在每个宣传素材里都打上《乐队的夏天》logo，突出体现"年轻、真实、不妥协"的设计元素，让节目拥有极高的宣传辨识度。

前期预热宣传工作开展得如火如荼，节目录制和后期剪辑也接近尾声，牟总带着样片来到爱奇艺商定节目具体上线时间。项目的排片既要考虑爱奇艺平台内同期内容的上线时间，根据节目更新周期合理安排用户观影时间，又要兼顾竞品平台的排播策略，确保新片上线不会被竞品分走流量，且上线后可以长时间占领舆情传播高地，没有其他内容干扰。会议持续了整整一天，牟总走出爱奇艺青春中心大楼时已是深夜，最终敲定节目上线时间是 5 月 25 日。定档当晚，爱奇艺就把早已准备好的物料和通稿发放给各家媒体渠道和 MCN 机构，媒体通过自己的平台发布信息，MCN 则通过自己旗下管理的各类微博账号、微信公众号、抖音账号向外界宣告节目的正式开播时间，同时 31 支参赛乐队和大乐迷也分别在官方账号和私人账号中宣布《乐队的夏天》即将开播，节目正式上线的日子在所有人的期待中越来越近。

5.6　节目开播，向用户讲好乐队故事

为了在节目开播当天获得更高的热度，营销团队准备了多套营销预案。上线当天，所有成员围坐在会议室里，在大屏幕上实时监控微博、百度、豆瓣等各大网络平台的用户舆情。营销人员将提前编辑好的话题文案发布到社交媒体上，在节目播出过程中一旦发现某个话题舆情热度迅速攀升，就说明该话题引起了用户热议，营销人员便会协同各大 KOL 一同参与到该话题的讨论中，发挥各自的粉丝基数和影响力优势，助推话题登上热榜以获得更多关注，让热议话题迅速蔓延到全网。

2019 年 5 月 25 日，《乐队的夏天》第一期节目在爱奇艺平台播出。短短一小时内，节目相关话题就冲上新浪微博热搜榜、知乎热榜、百度热搜等多个平台榜单，获得高度关注。爱奇艺还在当天联合 24 家 livehouse 开展"乐队之夜"线下营销活动，用户可以提前参与微博官方话题并获得线下观看资格，节目播出期间参赛乐队也可能随机出现与观众们进行互动，让用户有机会近距离感受乐队演出的氛围和魅力。

然而在之后的几期中，节目的用户关注度和媒体关注度开始下降，营销力度的减弱以及用户对乐队综艺的新鲜感减弱是主要原因。如何让更多用户关注该节目，让用户真正感受到乐队文化的内涵是爱奇艺营销团队亟待解决的问题。

近年来抖音、快手等短视频平台迅速崛起，短视频内容已然成为移动互联网用户日常休闲的主要方式之一。与传统长视频不同，短视频内容更聚焦、节奏更快、话题性更强，往往用几十秒时间就可以抓住用户的关键兴趣点。主打长视频消费的爱奇艺也逐渐意识到，利用短视频给用户"种草"，将用户引流到长视频上，也是长视频的重要内容营销方式。爱奇艺将每期节目中的高能片段二次加工成短视频，打上爱奇艺和节目 logo 发布到自家平台及抖音、微博等第三方平台上，"彭磊吐槽李诞是网生艺人""朴树录节目中途回家睡觉"等话题随着短视频内容登上热搜，网友们在各平台上纷纷对节目内容进行点评和互动，夸赞这款综艺节目真实不做作，最大限度地还原了乐队音乐人"年轻、真实、不妥协"的性格，高度符合网民们的心理预期。

此外，为了解决人工剪辑成本高、无法覆盖长尾用户兴趣的问题，爱奇艺公司引入视频识别算法来批量生产短视频内容，剪辑人员只需配置程序参数模版，即可批量生产出多个短视频。这些短视频质量高、话题性强，再加上精准的营销推送，使用户参与热情高涨，纷纷点赞、转发和评论。据统计，《乐队的夏天》官方围绕节目共生产了短视频3459条，平均每期产生片段短视频230个，这些内容通过个性化算法被分发曝光，再通过分享的方式在社交群体内传播，为节目带来累计2.5亿的观看流量。

通过站外分发的短视频内容，爱奇艺成功引发了大批用户对节目的兴趣，部分用户会在搜索引擎上主动搜索"乐队的夏天"关键词。因此，爱奇艺公司联合国内几大搜索引擎服务提供商对搜索结果做出相应的优化，让用户无论是使用PC端还是手机移动端搜索节目关键词，都可以在首屏快速找到节目及周边内容，以极佳的搜索体验和最短的使用路径成功为节目进行导流。

5.7　节目火爆出圈，收获高口碑评价

在用户从节目中感受乐队文化魅力的同时，节目在社交媒体上的热度也节节攀升（见图5-1），每期更新时平台热度都稳定在6000以上，节目的忠实用户开始向亲朋好友推荐这款节目。种种数据表明，这款乐队类综艺已经

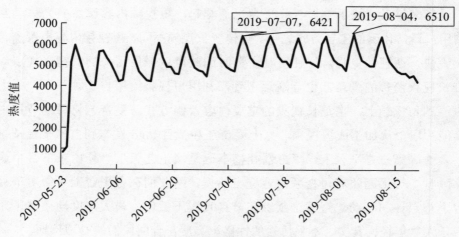

图 5-1　爱奇艺平台热度值趋势

成功"出圈"了，但是接下来爱奇艺如何将《乐队的夏天》这款综艺节目打造成一个超级 IP，还有很长的路要走。

节目播出过半后，乐队之间的竞演也进入了白热化阶段，有超过一半的乐队被遗憾淘汰。为进一步提升用户的参与度和新鲜感，爱奇艺在赛制中加入了投票"复活"玩法，粉丝可以在线上为自己喜爱的乐队投票，前六名的乐队会在八强赛后参加"复活赛"，最终得票最高的两个乐队能够"复活"，重返决赛舞台。被淘汰的乐队还会参与到"乐燃一夏"线下 livehouse 演出，与粉丝们互动拉票。为了让自己喜爱的乐队能够重返舞台，粉丝每天都会按时完成平台设置的任务来获取票数，有些粉丝还会自发在朋友圈、微信群里转发投票链接，邀请亲朋好友参与，掀起了一阵投票热潮。

爱奇艺还向用户提供了丰富的互动型产品，帮助不同类型的用户分享情感和想法。用户可以通过分享功能向他人推荐这款节目；通过点赞、评论、发布弹幕等功能分享实时感受；有创意、有才能的用户还会自发对节目内容进行二次剪辑，或录制明星模仿、玩梗类短视频内容。爱奇艺的营销团队则通过对用户发布的优质内容进行置顶、评论或者点赞与用户进行互动，同时为优质的用户内容提供更多曝光机会，并设置节目周边作为奖品来激励更多用户参与创作，用户则因为自己发布的内容获得了更多观看和认可而感到满足。

然而众口难调，随着节目影响力不断扩大，网络上也出现了一些负面评价，有的批评节目赛制不合理，有的埋怨自己喜欢的乐队被淘汰。爱奇艺的营销团队即时监控社交媒体上的负面评价，携主创团队奋斗在舆论的第一线，即时响应种种质疑。节目的主持人和牟总也通过自己的知乎账号发表长文，向粉丝进行解释说明，同时分享了开发这款节目的初衷和对乐队文化的看法。官方主创团队的回复有效地平复了网友们激动的情绪，评论区也收获了大量网友的理解和支持。

爱奇艺和米未趁热打铁，推出了多款衍生综艺节目，衍生真人秀付费综艺节目《乐队我做东》就是其中主打节目之一。节目中主持人每期都会邀请一个参赛乐队吃饭，在非正式的、轻松的环境下聊天，让观众可以在正片之外以另一种形式了解乐队文化，感受这个群体的真实生活状态。除此之外，爱奇艺内部工作室还推出了《乐队的魔方》《乐队有新番》《kiwi 音乐聊》

等周边综艺节目，极大地丰富了《乐队的夏天》的内容体系。

除衍生综艺节目外，爱奇艺还与腾讯音乐开展深度合作，将乐队在节目中表演的歌曲以音频形式在音乐平台再次上线，再结合各自平台特点，绑定用户听歌"打榜"，拉动节目与平台双向导流，形成营销闭环。以腾讯音乐为例，参赛乐队在腾讯音乐的粉丝数以及歌曲收听量、收藏量在节目热播期间均以成倍的速度增长，在腾讯音乐平台上更是收获多次首页推荐资源。节目中的 116 首歌曲在腾讯音乐总播放量高达 5.7 亿次，收听人数超过 2920 万。《乐队的夏天》借力第三方音乐平台完备的音乐宣发渠道和成熟的音乐生态营销模式，把节目中出现的优秀音乐作品以音频的形式沉淀下来，使得用户在不同的娱乐场景下都可以消费《乐队的夏天》的优质内容。

5.8　《乐队的夏天》完美收官，乐队的夏天才开始

2019 年 8 月 10 日，这款点燃了一整个夏天的节目在夏日音乐派对中画上了完美的句号。从 1000 个备选乐队到 31 个参赛乐队，再到"HOT5"乐队，随着 12 期节目的进行，越来越多的人开始了解、喜欢乐队文化，尝试学习一门乐器，甚至组建自己的乐队。节目的成功"出圈"，对社会的各个圈层都产生了很大影响，《别再问我什么是迪斯科》《你要跳舞吗》《艾瑞巴迪》《再见杰克》等节目热歌更是走进老年广场舞中。乐队被更多的年轻人喜爱，听乐队音乐也成为他们新的生活潮流。

在项目复盘会上，爱奇艺营销团队的负责人正式宣告《乐队的夏天》在市场及观众中口碑极高，成功开启了爱奇艺的乐队综艺新赛道。流量表现方面，《乐队的夏天》斩获 4.8 亿总播放量、70 个微博热搜、78 个微博热门话题，"乐队的夏天"相关话题词累计阅读量破 280 亿，有超过 1500 个微博头部 KOL 助力推广节目，转发并参与话题。相关数据和总结性评价在会后被整理成公关稿件，发送至各大媒体平台，各领域 KOL 和各参赛乐队的成员也都纷纷转发点赞。《乐队的夏天》为爱奇艺的网络综艺布局添上了浓墨重彩的一笔。

《乐队的夏天》第一季结束了，但乐队们的夏天才刚刚开始，爱奇艺和

米未联合对外宣布将启动"乐队的夏天"全国巡演计划,首选南京、武汉、成都、深圳、郑州五个城市,巡演一直持续到次年的月份,属于乐队粉丝们的狂欢仍在延续。节目的官方微博账号也没有因此停止运营,营销人员在微博上一起和粉丝们回顾节目中的精彩瞬间,与用户们讨论第二季可以邀请的乐队,并继续与乐队微博进行互动,发布全国巡演的购票信息和现场视频。众多官方媒体平台也都以"《乐队的夏天》已经完结,但乐队们的夏天才刚刚开始"为主题生产并发布评论性文章,共同期待下一季节目的到来。

5.9　第二季再出发,流量口碑不及预期

《乐队的夏天》第一季的爆红对爱奇艺和米未来说可谓流量口碑双丰收,有了第一季的基础,爱奇艺相信在第二季可以邀请到国内更优秀的乐队和赞助商。但不得不承认,《乐队的夏天》第二季对于导演组来说仍然是巨大的挑战,牟总在接受外部记者采访时也提到:"第一季的火爆程度有些出乎我们所有人的意料,内容对于观众们来说是新鲜的,因为在此之前没有人看过甚至想过这么多摇滚乐队会来参加一个综艺节目。第一季的火爆抬高了观众对于第二季的预期,怎么给观众更大的新鲜感,是我们整个导演组目前在思考的最大问题。"不出所料,有了第一季节目的爆红和口碑基础,很多乐队主动联系导演组希望能够参加第二季,包括第一季没有同意参加节目的达达乐队和后海大鲨鱼乐队,也都答应了导演组第二季的邀约。这一次在参赛乐队选择方面,导演组没有花费太多力气,但筛选标准相比第一季没有丝毫降低,乐队在音乐风格上也比第一季更加丰富多元,因此导演组对第二季的参赛阵容充满信心。

《乐队的夏天》第二季原计划在 2020 年 3 月开始进棚录制,世事难料,年初爆发的新型冠状病毒感染疫情给节目带来了巨大冲击,节目录制也因此延期。此时《乐队的夏天》的赞助商们早已急得上蹿下跳,希望牟总能够同意不带观众录制以保证节目如期上线,尽量减少损失。然而牟总非常坚定地回绝了广告主的要求:"乐队是从 livehouse、各种现场演出中走出来的,支撑他们的就是与现场观众的情感连接。如果没有观众,乐队演出时的热情和

态度也会受到影响，舞台效果损失至少 30%，你们的品牌效果也会大打折扣。"

疫情在 6 月底出现了转机，导演组抓住机会，在短短两周内就完成了两期节目的录制。但导演组并未因此感到轻松，反而隐约觉得有些东西和上一季不一样了。究其原因，大家都表示第二季的乐队实在是太"守规矩"了，而"守规矩"对这个节目来说并不是什么好事。第一季的火爆为参赛乐队带来了翻倍的身价和许多商演、广告代言机会，第二季的参赛乐队随之抱着打开知名度、获取更多利益的想法参加录制，导致这些乐队在节目中非常注意表现，生怕说错话惹怒观众。每个乐队都不约而同地准备了感人故事，希望博得观众的共鸣，但飞扬的个性随之消失了。

五条人乐队的出现拯救了节目和导演组。这个"特殊"的乐队第一次登场演出就因临时起意更换了另外一首歌，导致事先彩排好的灯光、舞美、字幕全部作废，只剩下一束黄色的灯光定格在舞台上。现场的所有工作人员也只能放下手里的工作，和观众们一起欣赏五条人乐队的演出。现场执行导演在濒临发火的瞬间才意识到："这事简直太酷了！这才是我们一直在追寻的乐队精神的内核！大家应该顺应事态自然发展，用镜头记录它、享受它，跟着五条人乐队进入到他们的故事里，然后再还原呈现给观众们。"

爱奇艺内容营销团队利用这为数不多的话题点在社交媒体上大力宣传，成功让五条人的话题登顶微博热搜，网友们纷纷被五条人乐队吸粉。但是这对于爱奇艺来说远远不够，相比于第一季层出不穷的热门话题，第二季节目中能够用于宣传造势的话题实在太少了，五条人在第二季所有参赛乐队中就是独树一帜的存在。爱奇艺平台的短视频播放数据也证明了这一点。在第二季播放量排名前十的短视频中，有四条都与五条人有关，五条人乐队已然成为第二季的救命稻草。从图 5-2 中第一季与第二季的播放量对比来看，第二季上线前半段时间的播放量都明显高于第一季，然而在中后期播放量持续走低。

第二季延续了"复活赛"的玩法。五条人乐队在比赛过程中一次又一次被淘汰，观众们为了让自己喜欢的五条人乐队"复活"，不断动员身边的人为其投票。"捞五条人的夏天""我去捞五条人"等话题频繁登上微博热搜。五条人乐队就这样一路跌跌撞撞走进决赛，最终获得第二名的好成绩。观众们逐渐厌倦如此俗套的剧情，甚至对节目的真实性产生怀疑："为什么一直

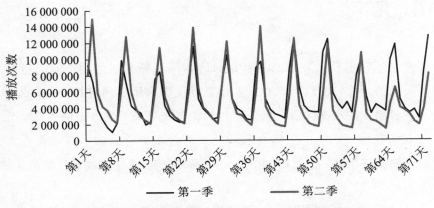

图 5-2　《乐队的夏天》第一、二季播放量走势

被淘汰的乐队还可以取得第二名的成绩？"网络上质疑导演组为制造话题故意安排五条人不断被淘汰的负面舆论开始蔓延，然而这一次主创人员没有对此做出任何回应。最后一轮复活赛中，本身排在复活名额之外的后海大鲨鱼乐队在短短半小时内空降复活榜单第二名，再一次引起了大量粉丝的不满，连同 KOL 媒体也发文声讨，要求官方给出回复。观众纷纷对节目打出差评，第二季内容的口碑和评价迅速走低。

　　《乐队的夏天》第二季的音频内容仍然由腾讯音乐发行。第二季曲风相较第一季更加多元，但是腾讯音乐提供的数据表明，《乐队的夏天》第二季专辑累计播放量相较上一季下降超过 40%，收藏和分享量分别下降 65% 和12%。究其原因，还是节目制作方过于强调音乐品类的多元，节目中出现了很多实验性音乐，普通观众听不懂也不会唱，导致歌曲传唱度低，无法引起广泛传播。同时，受到疫情影响，爱奇艺只能取消线下的营销宣传工作livehouse 演出、演唱会等活动都无法正常开展，观众们只能通过冷冰冰的屏幕去感受难以听懂的音乐，自然无法像第一季那样与节目和乐队亲密互动。

　　巧妇难为无米之炊，第一季的火爆出圈当然离不开内容营销团队的筹划，但是如果内容本身出了问题，就很难通过开展营销活动来吸引观众注意。第二季由于过分注重对乐队故事的深挖和渲染，导致节目节奏拖沓，用户的真实观感和心理预期出现落差，使《乐队的夏天》第二季流量在首周更新后便出现下滑。

5.10　尾声

虽然《乐队的夏天》第二季节目口碑和流量都未达预期，但仍然不失为一款高质量的网络自制综艺，也真实地推动了国内乐队环境的发展和改善。

从内容创作的层面来看，乐队题材的综艺是米未一向寻求的"真实""新颖"的表达载体。乐队的生活百态和悲欢离合比刻意的剧本打动人心。让更多观众接触这些乐队，和节目、乐队产生情感共鸣，就是这款节目的最大价值。第一季如此，第二季也没有变。

从公司的发展层面来看，"迈步从头越"似乎是米未和爱奇艺无法逃避的宿命。现如今，综艺内容的数量和受众的爆炸式增长导致成本上升，用户的喜好和欣赏水平也在不断地变化。已有 IP 的价值虽然已经稳固，但公司必须挣脱"低端自我复制"的陷阱，培育可持续的内容生产力和创新能力。《乐队的夏天》如此，其他综艺节目亦是如此，如何推陈出新挖掘出更多有趣有价值的内容，如何准确捕捉市场变化，这是米未和爱奇艺都应该思考的问题。

5.11　附录

网络新媒体时代下，网络综艺节目的发展可谓是突飞猛进，对国内网民的渗透率也在不断提升。国内网络综艺的发展经历过起步、成长、成熟三个时期。从 2007 开始至 2013 年期间，网络综艺数量少、种类单一。2014 年及其后的三年期间，网络综艺进入快速成长期，随着大量资本注入网络综艺市场，综艺节目的数量开始成倍增加，制作品质也有显著提高。以《隐秘而伟大》《奇葩说》为代表的高品质、高口碑的网络综艺节目，正式宣告品牌化的网络自制综艺时代的来临。2017 年至今可谓网络自制综艺的黄金时期，大投入、精制作的爆款网络综艺频出，符合大众娱乐的综艺题材开发也趋于成熟。各大网络视频平台在题材的选择上开始更加垂直细分，诸如说唱、街舞、篮球、电音、国风等综艺节目开始进入大家的视线，事实证明小众文化也蕴含着巨大的能量。

　　相比传统的电视综艺,网络综艺选题更加灵活、受众更加聚焦,其语言体系也贴近消费者,风格亲民。用户除了可以在网络社区进行互动之外,甚至还可以参与到节目的流程之中,成为节目推进的重要组成部分,以此获得极强的参与感。网络综艺对广大受众有着更高的吸引力,因此有越来越多的网络平台开始利用网络综艺开展内容营销活动,这种营销方式将品牌与内容进行深度结合,向受众传递有价值和关联性较强的内容,试图将目标受众转化为消费者以达到营销的目的。以《饭局的诱惑》综艺节目为例,该节目以饭桌上别出心裁的真心话环节和圆桌的狼人杀游戏,营造轻松并极具新意的氛围,使广大受众感到趣味横生。

　　网络视频平台在开展内容营销活动时具备以下特点,首先是大数据分析能力。网络视频平台拥有大量的用户基础数据,利用大数据分析了解当今受众的喜好和特点,再结合节目风格进行细致的策划,有助于提升节目效果、提高受众的满意度和获取更高的投资回报率。其次是综艺内容与营销活动的一体化结合。各网络平台开发有新意的节目内容,志在将广告品牌与节目进行融合,将广告效果潜移默化地带给受众。最后,营销内容更容易渗透到每个人身上,提高品牌知名度。宣传内容经常出现在节目中,是让公众形成品牌注意力的重要因素。一条朗朗上口的广告语,能够不断地加深受众对该品牌的印象,并在受众群体之间流传。当受众在生活中遇到类似的场景时,会立即引起受众对产品的记忆,极大地促进了受众购买转化的行为。

　　爱奇艺一直以来致力于开发高品质、有创新的网络综艺节目,以满足不同类型消费者的个性化需求。在经过多年发展后,爱奇艺已经成为网络自制综艺领域的领军者,在大数据加持下的网络综艺精准营销也成为行业里的先驱和榜样。先后打造了诸如《奇葩说》《奇葩大会》《乐队的夏天》等多个有巨大影响力的综艺节目,获得市场的一致认可和好评。爱奇艺公司最终凭借多个高品质、高口碑的自制综艺节目和成功的内容营销使爱奇艺的品牌影响力不断提升,奠定了自制综艺市场的领先地位。

启发思考题

1. 爱奇艺为什么选择打造《乐队的夏天》这款综艺节目?

2. 爱奇艺打造《乐队的夏天》第一季经历了哪些阶段？为什么选择了内容营销作为主要营销方式？

3.《乐队的夏天》第一季各阶段主要的内容营销策略是什么？

4.《乐队的夏天》第一季各阶段的内容营销效果如何？

5.《乐队的夏天》第一、二季不同的营销结果带给我们哪些启示？

案例分析

1. 分析思路概述

内容营销是近年来营销管理实践中的前沿热点问题，受到了学界和业界的广泛关注。本案例以爱奇艺公司在打造热门网络综艺节目《乐队的夏天》过程中的营销实践经历为素材，首先对爱奇艺公司打造该节目并以内容营销作为主要营销方式的原因进行剖析，进而对该节目第一季的不同阶段所采用的主要内容营销策略及其效果进行分析，最后再与第二季的内容营销方案进行对比，对内容营销的内涵、主要的内容营销策略、不同的内容生产方式等议题进行深入分析和探讨，试图使读者理解和掌握以下三方面内容：

（1）理解内容营销的内涵、不同维度及其重要作用；

（2）掌握内容营销的主要关键策略和实施路径；

（3）探讨企业应如何结合实际经营情况有针对性地实施内容营销。

2. 案例分析关键要点

1）关键点

首先，需要分析爱奇艺公司选择乐队品类综艺作为将要进入的网络综艺细分市场的原因。其次，从内容营销的维度和优势两方面解释爱奇艺在打造《乐队的夏天》时选择内容营销作为主要营销策略的原因。再次，结合内容的生产模式和使用满足理论，分析爱奇艺实施了哪些有针对性的营销活动，并可进一步结合品牌资产相关理论评估《乐队的夏天》各阶段开展内容营销活动所取得的营销效果。最后，在分析该节目第二季中所采取的营销策略及其效果的基础上，探讨企业通过开展内容营销活动建设品牌资产时，应该如何制定及优化营销策略以应对市场变化。

2）关键知识点

STP 理论、内容营销、内容生产模式、使用满足理论。

3）能力点

分析与综合能力、批判性思维能力和解决实际问题的能力。

3. 相关理论知识点

1）STP 理论

STP 理论分析是企业用来找到适合的消费者群体，并集中企业的资源优势向其提供有针对性的服务并建立长久牢固的客户关系时所使用的一种分析方法。STP 理论指市场细分、目标市场和市场定位。

（1）市场细分（market segmentation）。根据消费者的消费需求和购买习惯的差异将整体市场进行划分，由许多消费需求大致相似的消费者群体组成新的子市场。企业进行市场细分的常见维度有地理因素、人口因素、心理因素、行为因素等。

（2）目标市场（market targeting）。指在市场细分的基础上，企业根据自己的竞争优势和资源优势将要为其提供服务的那部分目标顾客群体所在的市场。针对目标市场的选择策略有市场集中化、产品专门化、市场专门化、有选择的专门化、完全市场覆盖五种。

（3）市场定位（market positioning）。目标市场定位又称产品的市场定位，指对企业的产品和形象进行设计，使其在目标顾客心目中占有一个独特的位置的行动。目标市场定位策略可分为：填补策略（公司将产品定位在目标市场的空白市场，这些市场尚未被竞争对手发现或占据）、并存策略（企业寻求服务于与竞争对手相同的目标细分市场，将他们的产品定位于接近竞争对手的产品）、取代策略（该市场已经有竞争对手，企业将产品定位于将其赶出该市场，并替代其在市场中的位置）。

2）内容营销的维度

内容营销是创建和传递有价值和引人注目的内容，以吸引现实或潜在的目标顾客的商业营销过程，目的是促使顾客做出能为企业带来利润的行动，其主要分为对话、讲故事、顾客互动参与三个维度。

（1）对话。与客户建立沟通，即除了向客户分享有价值的内容外，还要主动地和消费者进行讨论和对话。在内容营销的过程中品牌与消费者是双向互动的关系，品牌在其中相当于思想的领导者、深受顾客信赖的顾问，创造并掌握着知识且乐于与消费者分享。

（2）**讲故事。** 向客户讲故事，也就是向客户传播有价值并且有趣的内容。现如今品牌与消费者的关系不再是单纯的买卖关系，更像是讲述者与倾听者的关系。以故事的方式，将产品的特性和品牌理念传递给消费者，潜移默化地影响消费者，最终形成引导作用，积累品牌认知和喜好感，从而形成品牌联想，最终转化为购买力。

（3）**顾客互动参与。** 顾客互动参与是顾客在交易过程中追求情感共鸣、自我实现等更高层次的心理需求。从行为层面来讲，顾客参与互动可以定义为由一定的动机所驱动的顾客关注企业或品牌的一种行为表现。消费者参与互动体现在评论、转发、内容制作等方面。

3）用户接触媒介的动机

用户接触媒介大部分都是基于满足理论，按照动机来划分，可以分为三类。

（1）**功能性信息需求。** 企业向消费者提供有价值、实用的内容，这些内容可以作为消费者进行购买决策时的参考信息。用户对功能性信息需求的动机包括获取相关事件的更新、查找提示、避免风险等。

（2）**娱乐性信息需求。** 娱乐性信息是指企业向消费者提供有趣的、新颖的内容。这些内容可以让消费者对品牌产生好感。用户对娱乐性信息需求的动机包括放松娱乐、消磨时间、逃避现实等。

（3）**情感性信息需求。** 情感性内容指的是企业为消费者提供可以产生相应情感、体会到亲切感的内容。这些内容能够打动消费者，使他们与品牌建立情感链接。用户对情感性信息的需求动机包括社交互动、减少生活压力与焦虑、减少孤独感等。

4）内容生产方式及特点

内容生产主要是以原创的方式生产文章、图片、视频等内容，其生产方式主要可分为以下四类。

（1）**专业生产内容（professionally-generated content，PGC）。** 内容生产者为在某些领域具备专业知识的人士或专家。此类内容具有专业、深度、垂直化的特点，内容质量有保证。优质的内容能构成对用户的强烈吸引，有助于实现用户导流。

（2）**用户生成内容（user-generated content，UGC）。** 内容生产者是不具备专业知识或相关从业背景的普通用户，主要出于分享个人的经历、兴趣的目的进行内容的生产和传播。用户直接参与到平台内容的生成和发布中,这种参与感和成就感也增强了用户的忠诚度。

(3)职业生产内容(occupationally-generated content,OGC)。内容生产者是具备一定知识和专业背景的从业人士,他们从职业身份出发参与内容生产并获得报酬。OGC 机制要求生产者具备职业身份,这最大程度地对生产者进行了过滤,从而有助于生产出更多高质量的内容。

(4)机器生产内容(machine-generated content,MGC)。借助计算机和算法等技术能力,实现内容素材的采集、加工、制作、分发等环节。这种方式可替代部分人工工作,提高内容生产效率。

5)CBBE 品牌资产模型

CBBE(customer-based brand equity)模型强调从消费者角度出发理解品牌、塑造品牌和测量品牌。它将品牌建设分为四个步骤,分别为建立正确的品牌标识、创造合适的品牌内涵、引导正确的品牌反应、缔造合适的品牌关系(见图 5-3)。

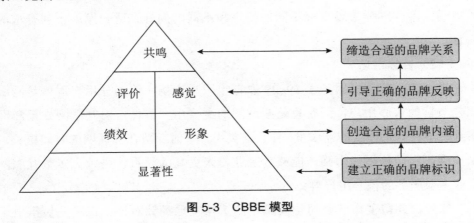

图 5-3　CBBE 模型

(1)**品牌标识(品牌显著性)**。品牌显著性包括品牌深度与品牌宽度两方面内容,品牌深度指品牌被消费者认出的容易程度,品牌宽度则指消费者想起该品牌时的购买范围和消费状况。

(2)**品牌内涵**。在创造合适的品牌内涵方面,应注重创建较高的品牌绩效和良好的品牌形象。品牌绩效是产品或服务用以满足消费者功能性需求的外在表现,品牌形象则主要包含四个方面要素,即消费者特征、购买渠道与使用条件、个性与价值、品牌的历史传统和发展历程。

（3）**品牌反应**。引导正确的品牌反应，帮助消费者建立希望其具有的品牌评判和品牌感觉。消费者对于品牌的评判主要来源于四个方面，分别为质量、可信度、购买考虑、优越性。品牌感觉则是消费者对于品牌的感性行为，主要包括热情、娱乐、激动、安全、社会认可、自尊等要素。

（4）**品牌关系**。在缔造消费者与品牌适当的关系方面，创建消费者与品牌的共鸣是非常关键的。品牌共鸣可分解为四个维度：行为忠诚度、态度属性、归属感和主动介入。

4. 案例思考及分析

1）爱奇艺为什么选择打造《乐队的夏天》这款综艺节目？

根据 STP 模型相关理论，可从市场细分、目标市场、市场定位三个方面分析爱奇艺选择打造乐队品类综艺《乐队的夏天》的原因，参考分析思路如下。

（1）市场细分

行业内，一般按受众年龄将网络综艺市场划分成 4 个细分市场，分别是 19 岁以下青年市场、19~29 岁青年市场、30~40 岁中年市场和 40 岁以上中老年市场。不同细分市场具有不同的特点和不同的偏好，适合发展不同赛道的内容。

（2）目标市场

爱奇艺主要选择服务于 19~29 岁青年用户市场，这部分用户群体是网络综艺节目的核心用户，同时也是互联网的主要用户群体，对互联网娱乐和网络综艺节目有足够大的需求量，并且这类用户平时花费在互联网的时间更长、黏性强、互动传播能力强，能够为企业带来更高的回报，是绝大多数互联网企业主要服务的核心用户群体。

此外，此前爱奇艺公司协同旗下的工作室已经针对这一市场先后推出了街舞、说唱、脱口秀等不同主题的综艺节目。根据"市场集中化"的目标市场选择策略，企业应当提供多个不同品类的综艺内容来满足该市场消费者的娱乐需求，这样可以充分利用此前平台数据的积累优势，在多个产品间形成协同效应，有利于树立和强化产品形象和企业形象，在目标市场上建立、巩固自己的地位。因此，爱奇艺公司选择继续深耕青年用户市场。

（3）市场定位

爱奇艺公司选择市场填补策略进行市场定位。当前市场上还没有乐队品类的综艺，几乎没有竞争者进入该赛道，更没有形成头部产品，此时爱奇艺选择先行进入该市场，有利于与竞争对手形成差异化的竞争优势。

2）爱奇艺打造《乐队的夏天》第一季经历了哪些阶段？为什么选择了内容营销作为主要营销方式？

从案例故事可以发现，《乐队的夏天》经历了四个不同阶段：上线前的预热期、节目上线开播期、节目开播中段的热播期以及最后一期上线后的完播期。根据内容营销维度和用户接触媒介的动机相关理论，可以分别识别《乐队的夏天》节目在不同阶段需要完成怎样的营销目标，实施了哪个（或哪些）维度的内容营销活动，进而分析在各阶段，这些内容营销活动为观众提供了何种类型的内容信息，以及这些信息对于实现营销目标起到了怎样的作用。参考分析思路如表 5-2 所示。

表 5-2　《乐队的夏天》阶段划分与对应营销维度

案例阶段	营销目标	内容营销维度	内容信息类型
预热期	积累种子用户	对话	功能性信息
开播期	扩大节目影响力	讲故事	娱乐性信息
热播期	塑造品牌形象	讲故事 + 顾客互动参与	娱乐性信息 情感性信息
完播期	维护长久的用户关系	对话	功能性信息 情感性信息

（1）预热期：和种子用户进行对话

在这一阶段，《乐队的夏天》节目仍在录制中，还没有产品上线供消费者使用。因此爱奇艺公司希望利用节目上线前的空档期培养用户，以便在节目正式上线时获取冷启动流量。

本阶段爱奇艺结合"对话"的维度，和用户建立双向沟通关系，逐步培养用户对乐队综艺的认知，这样产品在上线前期就能够获取到用户关注，积累粉丝用户以降低后期成本。

本阶段爱奇艺生产和发布的内容为"功能性信息"。用户通过功能性信息了解到节目中是否有自己喜爱的乐队、节目录制情况等，累积对节目的认知，逐渐形成对品牌的初步印象。

（2）开播期：向更多的人讲述乐队故事

在这一阶段，《乐队的夏天》节目上线之后，受到营销力度减弱和用户新鲜感降低的影响，节目的关注度开始下滑。因此爱奇艺公司希望扩大节目影响力，提高市场热度。

本阶段爱奇艺结合"讲故事"的维度，采用对节目中的争议性话题内容进行包装、对内容传播渠道和搜索引擎进行优化，以及在社交媒体上发布内容等营销方法，使包装后的内容更具话题性和互动性，同时将乐队的文化和精神传递给消费者，使用户逐渐积累起对品牌的认知和好感度，最终形成购买转化。

本阶段爱奇艺生产和发布的各类短视频内容为"娱乐性信息"。主要服务于用户消磨时间、娱乐放松的需求，用户通过这些有趣的信息感到心情愉悦和放松，逐渐积累形成对品牌的好感度。

（3）热播期：邀请用户参与互动，全力打造乐队综艺 IP

在这一阶段，《乐队的夏天》节目市场热度不断攀升，用户量级也已成规模，用户之间已经形成了自传播效应。因此爱奇艺公司希望加深和固化品牌形象。

本阶段爱奇艺公司仍然从"讲故事"的维度出发，除了向用户讲好乐队故事之外，还增加了邀请用户参与线上线下互动的营销活动。持续向用户讲述乐队故事，既可以满足用户的基本娱乐需求，又可以巩固节目在用户心中的必要性。同时，通过在线互动可以满足用户的自我表达需求和社会需求；而线下的互动则有效地拉近了品牌和用户之间的距离，让用户深度体验到品牌的形象和魅力。

本阶段爱奇艺生产和发布的内容为"娱乐性信息"和"情感性信息"。其中企业向外部提供的衍生类内容以及短视频内容均属于娱乐性信息，满足了用户观看综艺基本的休闲娱乐诉求；邀请用户参与互动、提供表达自我的机会属于情感性信息，满足了用户对社交互动、减少孤独、获得认同的情感诉求。此举还有利于帮助爱奇艺公司与用户建立情感连接，加强了用户的品牌认同，从而循环促进用户自发形成转发、评论、推荐等行为。

（4）完播期：维护长久的品牌与用户关系

在这一阶段，《乐队的夏天》已经全部更新结束，因节目播出而吸引到的大量新用户将会开始逐渐流失。因此爱奇艺公司希望能使品牌与消费者建立更加持久的联系。

本阶段爱奇艺公司结合"对话"的维度，通过官方账号与用户讨论第一季内容以及第二季进展信息,同时在线下举办为期半年的"乐队的夏天"全国巡演。通过和用户建立双向沟通关系,向用户提供了获取相关信息的渠道,同时能让用户在日常与官方的沟通和互动中,找到归属感,为品牌起到了长久的"保温"作用。

本阶段爱奇艺通过微博、官方媒体所生产和发布的下一季节目进展信息属于"功能性信息",与观众的互动交流则属于"情感信息"。用户通过功能性信息获取其关注的事件最新进展,与他人的互动评论则获得情感上的满足。

3)《乐队的夏天》第一季各阶段的主要内容营销策略是什么?

结合内容生产方式相关理论,读者可针对预热期、开播期、热播期、完播期四个阶段,从营销目标、营销策略、内容生产方式三个方面分析该节目所实施的主要内容营销策略。参考思路如表 5-3 所示。

表 5-3　《乐队的夏天》分阶段营销策略

案例阶段	营销目标	营销策略	内容生产方式
预热期	吸引种子用户	**社交媒体运营、粉丝互动**:建立乐队粉丝社群,与粉丝互动、解答问题,获取目标用户	PGC
		KOL 引流:与音乐垂直领域 KOL 账号合作,在其账号内转发节目相关内容,增大传播范围	OGC
开播期	扩大节目影响力	**制造热点话题**:实时监测网络舆论走向,制造热点话题,增大曝光机会;制作高质量、内容丰富有趣的短视频片段,在很短的时间吸引用户关注,勾起用户兴趣	PGC
		算法生产长尾内容:满足长尾用户的娱乐需求,吸引长期关注 **搜索引擎优化**:优化搜索引擎使产生兴趣的用户能够以最短的路径导流到爱奇艺平台,防止目标用户流失	MGC
热播期	塑造品牌形象	**打造衍生内容**:生产 IP 衍生类节目、音频格式节目等并分发到第三方音乐平台上,拓宽了用户消费内容的场景 **开展线下活动**:拉近消费者与产品的距离,加深品牌在用户中的形象	PGC
热播期	塑造品牌形象	**引导用户投票、互动**:让用户变为节目参与者,以此贡献出更高的黏性和价值。并鼓励用户创作,培养用户忠诚度的同时丰富节目内容	UGC

案例阶段	营销目标	营 销 策 略	内容生产方式
完播期	维护长久的用户关系	**社交媒体运营**：保持社交媒体运营，维持更加长久的品牌与用户关系	PGC
		媒体、KOL 评价：邀请媒体、KOL 发表评论性文章，加深用户对品牌的好感度	OGC

4）《乐队的夏天》第一季各阶段的内容营销效果如何？

在本案例中，爱奇艺公司通过在不同阶段采用不同的内容营销策略，分别实现不同的营销目标，最终使《乐队的夏天》成为国内领先的乐队类综艺节目品牌。结合 CBBE 品牌资产模型相关理论，读者可逐一分析各阶段的实际情况及内容营销的效果。注意对整个内容营销过程的分析，应围绕建设品牌资产的核心目标逐步展开，从而有助于理解内容营销活动是如何帮助《乐队的夏天》实现打造节目品牌和赢得消费者认可的目的。参考分析思路如表 5-4 所示。

表 5-4　《乐队的夏天》分阶段内容营销效果分析

案例阶段	营销目标	内容营销维度	内容营销方法	内容营销效果
预热期	构建清晰的品牌认知	对话	1. 在新浪微博、微信公众号的官方账号发布的节目信息中，图片和短视频都会带有明显的品牌 logo 和设计元素。 2. KOL 参与节目录制并将现场的照片、视频和感受发布在自己的账号中，向潜在消费者描述了产品的核心特点和消费场景	强化了消费者对品牌的辨识度和品牌认知，加深了品牌深度。在消费者心中逐步建立立体的品牌认知并形成品牌联想，拓宽了品牌的宽度。让节目的目标用户群体了解到《乐队的夏天》是一档什么样的节目、节目的核心消费场景以及节目可以给消费者带来的利益是什么，在潜在消费者心中逐渐形成对该品牌和产品较为清晰的认知
开播期	塑造独特的品牌内涵	讲故事	1. 通过 PGC 和 AGC 的方式生产的大量短视频内容，满足了消费者对娱乐内容的消费诉求。 2. 从内容制作、营销渠道、用户体验三个方面带给消费者情感、精神、心理的多重体验，让用户在使用过程中感受到品牌形象	消费者从品牌处获得更强的利益感，更倾向于与品牌更长久更深入的互动，企业也因此获得更高的品牌绩效。企业把优质的服务和产品价值带给了消费者，消费者也能通过品牌来表达自我的个性和态度，最终在消费者精神或心理层面形成了独特的品牌内涵

案例阶段	营销目标	内容营销维度	内容营销方法	内容营销效果
热播期	引导用户对品牌的正面评判和感知	讲故事＋顾客参与	1. 公司通过对热点话题的运营和助推，将用户的关注点引导至对节目有利的方向。 2. 让消费者参与到节目当中，与节目的发展绑定在一起，从而使消费者对节目产生情感上的依赖	最大程度的使消费者的情感诉求得以满足，很大程度上缓解了消费者的不满情绪，从而减轻了负面评价爆发的可能性。在各大社交媒体平台营造出正面的品牌评价氛围和环境，引导和激发用户的正面评价，让更多消费者对品牌形成正面感知
完播期	缔造更持久的品牌关系	对话	1. 整个营销阶段，官方生产了大量的娱乐短视频内容和衍生内容并发布在各网络平台上，使得节目完结后的一段时间内，仍有大量的短视频在网络上传播。 2. 借助媒体平台的权威性、KOL 的影响力，向外发布评论性文章。官方还通过运营的社交媒体账号，向消费者提供交流发声的环境	便于消费者重复消费喜爱的内容，极大延长了消费者使用服务的周期、使用满足的周期和品牌的生命周期。使消费者聚集形成社群性质，在社交过程中提升自我价值感和归属感。缩短消费者重复观看的门槛和消费路径，帮助用户表达自我、找到归属感，形成更加持久的消费者与品牌共鸣关系

5)《乐队的夏天》第一、第二季不同的营销结果带给我们哪些启示?

根据案例，《乐队的夏天》第二季播出后其流量和口碑都不及预期，读者可将第一季、第二季中的营销行为进行对比分析，总结其口碑下降的关键原因并提出改进建议。参考分析思路如下。

节目第二季的口碑下降有多方面的原因，包括:

(1) 营销定位迎合大众，核心用户流失

品牌迎合大众，营销定位偏差。第一季节目将自身定位于青年亚文化市场，通过精准的营销成功"破圈"，吸引了基数庞大的一批"圈外"的粉丝用户。而第二季节目并未聚焦在亚文化市场，而是试图向观众呈现多元风格的乐队故事和作品来适应更多用户的多元化需求，导致其核心用户流失。

乐队精神呈现不足，背离最初的市场定位。第一季节目的参演乐队抱着"玩"的心态参加比赛，在节目中呈现出放松、自由的状态，给观众以真实、立体的感受，贴近品牌塑造的形象和用户的心理预期。而第二季节目中的参演乐队有一定心理包袱，尽力遮掩自己的缺点与不足，最终呈现给用户拘束、局促不安的乐队形象，与第一季中极力宣扬的"年轻、真实、不妥协"的市场定位发生背离。用户无法从中感受到乐队的文化和精神内核，同样导致了其核心用户的流失。

（2）"讲故事"缺少内涵，用户难共情

过度挖掘乐队故事，用户审美疲劳。 第一季自始至终都围绕"年轻、真实、不妥协"的乐队精神开展营销活动，让用户能够通过内容感知到品牌的内涵和形象，并与品牌产生共情。然而第二季将营销重点放在挖掘人物故事上，试图通过大量"艺术人生"式的背景铺陈强行塑造乐队形象、博人眼球，却忽略了用户的真实感受，让用户感到审美疲劳，无法从中感受到乐队的文化和品牌理念，缺乏情感共鸣。

（3）观众互动参与未取得效果，品牌形象受损

① 疫情影响，线下场景受阻。 第二季的录制和播出正值国内新型冠状病毒感染疫情暴发，节目录制一再推迟，部分录制现场也没有 KOL 和观众参与，使节目最终呈现的视觉冲击力变弱，观众在观看节目时也无法感受到现场乐队的演出气氛。此外，疫情也导致许多线下营销活动被迫取消，爱奇艺无法有效开展品牌、产品和观众的线下互动，使观众无法在互动中产生情感共鸣，满足自我实现等更高层次的心理需求，导致第二季无法取得同样的营销效果。

② 投票复活存争议，品牌可信度下降。 爱奇艺和米未官方并未对五条人乐队多次淘汰又被复活以及后海大鲨鱼乐队空降复活榜单第二名的质疑进行回复，这种不回应的态度使负面舆论进一步发酵，导致品牌可信度和用户忠诚度迅速下降。在建设品牌资产过程中，正确引导用户形成正面的品牌反应至关重要，积累正向的品牌反应可以有效帮助消费者减少购买决策链条的长度。然而，本案例中官方不回应导致市场上形成负向的品牌反应，进而累积形成恶性循环，使更多观众对节目失望并做出负向反应。

对于爱奇艺公司在《乐队的夏天》第二季开展的内容营销活动的不足之处，可从多个方面提出改进建议，如：

（1）乐队市场再细分，与第一季形成差异化定位。《乐队的夏天》第一季的火爆使该节目成为乐队综艺的标杆，当市场上出现同类内容时，《乐队的夏天》无法避免成为被比较的对象。用户对第二季抱有过高的期待，当实际情况与预期有差别时其不足之处将会被放大,导致口碑加速崩塌。因此,爱奇艺公司在后续节目的市场定位环节,可以尝试在乐队竞演的模式基础上拓展新的细分品类,既继承了"乐队的夏天"这一品牌,同时又能与第一季形成差异化,给观众带来更多新鲜感。例如,可将乐队模式与中国传统音乐、古典乐器融合,在宣扬乐队精神的同时普及中国传统音乐;或进一步深入发掘具有民族和地域特色的参赛乐队,引发与观众的共情。

(2)探索中国传统文化故事的年轻化表达。通过《乐队的夏天》第一季、第二季可以发现,消费者对于重复的营销方式接受程度较低,很容易形成审美疲劳,并且对于内容过度包装感到厌倦。因此开展后续营销活动时,爱奇艺公司应该不断突破自我,开发出更多新颖的节目设计。而中国传统文化故事流传悠久,从牛郎织女到屈原怀石投江,无一不体现了中国人民对美、对家国情怀、对美好生活的向往与追求。节目制作方可以考虑在新版节目中将中国传统文化故事元素融入核心赛制,用乐队这样年轻化的表达方式宣传传统故事背后的深刻寓意,这种方式更易于让年轻用户共情、接受和传承。

(3)线上乐队竞演,激发用户 UGC 创作激情。

如今越来越多的人开始注重文艺素养的提升,学习演奏中国传统乐器的风潮悄然兴起,但是在日常生活中鲜有展示的机会。因此,爱奇艺可以考虑在开展节目营销活动时,通过开办线上竞演、发布任务等形式,邀请用户参与演奏主题音乐。一方面,爱奇艺平台为这些用户提供一个很好的展示自己的平台,能够激发用户的创作热情,深度参与的用户也会自发地向其他人推荐节目,带动用户规模增长;另一方面,这类活动可以凸显《乐队的夏天》这一综艺品牌对宣扬中国传统音乐文化的贡献,有效拔高品牌形象。

5. 推荐阅读

[1] HARAD K C. Content Marketing Stratrgies to Educate and Entertain[J]. Journal of Financial Planning,2012(3):18-20.

[2] 周懿瑾, 陈嘉卉 . 社会化媒体时代的内容营销:概念初探与研究展望 [J]. 外国经济与管理, 2013(6): 61-72.

[3] 贺爱忠, 蔡玲, 高杰 . 品牌自媒体内容营销对消费者品牌态度的影响研究 [J]. 管理学报, 2016, 13(10): 1534-1545.

[4] 黄楚新, 王丹丹 . 产消融合中的内容生产新机制 [J]. 新闻与写作, 2018(10): 13-18.

[5] 柴俊武，万迪防 . 品牌资产的界定及其评估模型评介 [J]. 南开管理评论，2005(1)：42-46.

[6] KEVIN LANE KELLER. Strategic brand management[M]. New Jersey: Prentice Hall Inc., 1998.

[7] AAKER D. Building strong brands[M]. New York：The Free Press. 1998.

[8] YOOB, DONTHE N. Developing and validating a multi dimensional consumer-based brand equity scale[J]. Journal of Business Research, 2001, 5 2(1): 1-14.

[9] SEGGIE S. H., KIM D, CAVUSGIL ST. Do supply chain IT alignment and supply chain interfirm system integration impact upon brand equity and firm performance[J]. Journal of Business Research, 2006, 59(8): 887-895.

[10] SCHULTZ D. Understanding and measuring brand equity[J]. Marketing Management, 2000, 9(1): 8-9.

第6章 "酒"旱逢春：张弓酒业的品牌活化之路

摘　要：互联网时代下，市场环境与技术环境发生巨大变化，导致许多具有传统优势的老字号品牌的价值和市场认同度日益下降，品牌老化现象日益凸显。因此，企业如何活化历代传承的老字号品牌，是一个亟待解决的问题。张弓酒业有限公司（以下简称张弓）作为传统老字号品牌之一，在曾经的市场剧变中未能及时抓住机会，品牌日渐衰落，原有品牌优势不复存在，后曾尝试通过多种方式恢复品牌影响力，效果却不尽如人意，直到公司采取了一系列品牌火花举措，张弓品牌才重现生机。以张弓为代表的老字号品牌普遍具有哪些特征，为什么会发生品牌老化？面对品牌老化，可以通过哪些措施来进行品牌活化？应如何开展营销传播？面对传承与创新，老字号企业又该何去何从？该案例对探讨老字号品牌如何通过品牌活化来获取可持续的竞争优势具有借鉴意义。

关键词：老字号品牌、品牌资产、品牌老化、品牌活化、品牌管理、白酒行业

6.1　引言

2018 年新品发布会上，张弓推出专为年轻人设计

的"张弓超值 A"白酒。酒还是经典的张弓味，但晶莹剔透的小方瓶玲珑可爱，令许多到场的年轻人爱不释手。

看着曾经几乎被遗忘的"豫酒老大哥"逐渐回到大众视野，甚至能够吸引年轻人的目光，张弓董事长孟总心绪澎湃。眼前的一切让她觉得过去几年的付出都是值得的……

6.2 千年传承，品牌初立

张弓始创于 1951 年，坐落在河南省宁陵县张弓镇，位于黄淮流域上游。丰富的粮食原料和优质的地下水，是张弓得天独厚的酿酒资源。据记载，张弓酒始于商朝，因其独特口味被商王赐名"张弓酒"。西汉末年，高祖七世孙刘秀饮张弓酒庆祝抒怀，酒后策马东行，仍感到酒香盈口，不禁连赞好酒，并作诗纪念："勒马回头望张弓，喜谢酒仙饯吾行，如梦翔云三十里，浓香酒味阵阵冲。"刘秀称帝后封张弓酒为宫廷御酒，张弓酒自此名声更盛，流传至今。

自建厂以来，张弓始终坚守优异的产品质量，在坚持沿用传统工艺酿造高度白酒的同时积极创新，打造特色产品。1975 年张弓成功研制 38 度低度酒，成为中国低度白酒鼻祖，还借此将中国白酒打入国际市场，扩大了其品牌影响，奠定了张弓在行业中的地位。

1994 年，张弓在央视黄金时段打出"东西南北中，好酒在张弓"的广告，成为首个在电视媒体上进行品牌传播的白酒企业。随着广告的播出，张弓的广告语及其品牌被全国消费者熟知。而张弓对白酒质量的严格把控，也使大量消费者在品尝后成为该品牌的长期忠实顾客。张弓酒只在河南省内销售的时期，不少省外消费者甚至专程前往河南或托人购买张弓酒。

借助优秀的品质和成功的营销，张弓逐渐成为豫酒的代表品牌之一，不仅占据了可观的市场份额、建立了良好的品牌形象，企业规模也不断扩大，稳步进入其全盛时期（1995—1997 年）。此时的张弓酒畅销全国，常年占据河南白酒销量冠军，曾创造中国白酒销量第二名、年销售额超过 8 亿元的辉煌历史。当时的张弓人笑称，"张弓酒厂三年不卖一滴酒，也有花不完的钱。"

除市场表现外，张弓也收获了高度的品牌认可，有豫酒"六朵金花"之一的美誉，还被消费者亲切地称为"张老大"。企业产品先后荣获"世界金奖""地理标志保护产品""中国低度酒鼻祖""口感最好的中国白酒"等荣誉称号100多项；还凭借悠久的历史、深厚的文化底蕴和优质的产品与美誉度，被商务部认定为"中华老字号"企业。

6.3 时代巨变，危机初现

市场变化和危机无处不在。1998年金融危机爆发后，中年消费群体受到的影响最大，这恰是张弓酒最主要的消费群体，经济环境的剧变导致张弓酒销量断崖式下跌。更不利的是，此时白酒行业的市场竞争已进入白热化阶段，在张弓主要瞄准的中低端白酒细分市场上，竞争尤为激烈。

然而，在行业的剧烈变革中，张弓的经营者依旧认为原有的经营思路能让企业高枕无忧，未能抓住应对时机。一方面，张弓认为其产品具有足够的优势，坚持沿用传统的生产和销售方式，并未意识到这已不足以维持原有的品牌优势。另一方面，在中年消费群体购买能力骤减的情况下，张弓依旧将其视作企业主要的消费群体，完全忽视了对新市场的开拓。正如张弓总经理所说："管理层当时没有出台一个很好的政策来应对。大家都认为张弓有深厚的文化底蕴和酿酒技艺，企业不会出问题。"

张弓的故步自封导致其销量和市场占有率持续大幅下滑，品牌影响力随之降低。随着品牌优势的逐渐减少，张弓原有的消费者不断流失，新的消费者也难以被品牌吸引进行消费和产品尝试。最终，仅仅三年时间，张弓便濒临破产。

6.4 尝试改革，力不从心

为扭转局面，张弓积极寻求改革，于2003年由国企改制成为民营股份制企业。改制后的张弓期望以高品质的产品为核心竞争力，同时大力提升产品的销量与市场占有率，使张弓品牌重新焕发光彩。

为此，张弓在继续坚持传统酿酒方法，不采用流水线机械化生产的同时，以现代管理技术提升品控水平，并于 2004 年通过了 ISO9000 质量认证，切实确保品质。然而，酒香还怕巷子深，这些并不能快速挽回消费者。尽管品质过硬，但是张弓在改革后几乎没有其他产品或服务方面的创新，使品牌在不少消费者心中只剩模糊的老旧印象，也极为缺乏对年轻消费者的吸引力。

与此同时，张弓也加强了营销方面的投入，但却依旧只沿用既有的线下营销渠道，仅在省内电视、报纸上投放大量广告。然而，白酒市场的消费者和零售模式都在发生翻天覆地的变化，互联网的兴起使消费者，特别是年轻消费者，对传统媒体的关注日益降低。因此，张弓老旧的营销方式在吸引传统客户群体方面都难免收效欠佳，年轻一代则更加难以触达。在年轻人心中，张弓仅仅是听说过的白酒，其原有的知名度和品牌联想都已不复存在。

而在零售模式方面，张弓"靠知名度"抢市场的方法已逐渐失灵，白酒行业此时需要"靠占据终端零售"抢占市场。与五粮液等领军企业相比，张弓既缺乏对终端营销能力的重视与掌控，也未采用任何新兴营销方法，明显缺乏竞争力。而一批以江小白为代表的低端白酒企业则抓住年轻一代消费者追求时尚的特点，借助互联网线上渠道抢占市场，进一步挤压张弓在中低端市场的生存空间。

以上种种原因使改制后的张弓未能扭转颓势，依旧连年亏损。改革措施并未有效阻拦品牌影响力的不断下降，张弓作为曾经的知名老字号品牌也逐渐走出了消费者视野，品牌优势不复存在。2010 年，河南省公布了新一届的豫酒"六朵金花"，张弓已不在其中，仅凭借残存的品牌影响力进入"五朵银花"名单。这让当时的投资者开始思考是否应该寻求新的出路。

6.5　品牌活化，重现生机

为扭转困境，2014 年张弓对高层管理者进行调整。孟总走马上任，做的第一件事就是亲自带团队调研走访，深入了解张弓的市场表现，找出张弓衰败的原因。

通过几个月的调研，孟总团队发现消费者对张弓品牌认知度低，老化情况严重，老字号品牌优势几乎荡然无存。经过反复讨论，鉴于白酒行业是传统的有文化附着力的行业，孟总最终决定进行"老字号"品牌活化，让具有传统文化积淀的老字号白酒品牌重拾核心竞争力，让更多人了解张弓、走进张弓、喜爱张弓。为积极适应时代发展和市场变化，张弓开始在产品和营销方面进行改革。

在产品方面，张弓针对不同的细分市场推出了新产品，在维护老客户的同时积极开拓市场。2016 年，张弓推出了针对年轻人市场的 38 度"张三小酒"，广告语"革命的小酒天天醉，混账的生活不疲惫"，一改往日的刻板风格，营造了轻松、活泼的消费场景。张弓范总这样解释小酒的名字："张三是普通人的代表，不一定最耀眼，但一定努力向前。"这一设计理念表达了积极的生活态度，受到了年轻一代的喜爱，也改善了年轻人心中的张弓品牌形象。此外，张弓还积极跨品类进行创新，推出了酒糟馒头等与白酒相关的创新衍生产品，受到消费者广泛喜爱。与此同时，张弓也针对高中低端细分市场，推出了一系列不同包装规格、不同度数、不同价位的白酒产品，赢得了新市场的销量。

在营销方面，张弓降低了以往传统营销渠道的经费预算，根据企业特色推行体验营销和口碑营销。2017 年，张弓建立了白酒文化体验馆，向消费者展示张弓酒的历史故事和经典的张弓白酒品类。此外，张弓大力开发具有酿酒特色的工业一日游项目，让消费者近距离观察和感受张弓坚持"人工纯粮酿好酒"的传统酿酒理念。消费者在活动中既可以了解张弓的品牌故事，又可以免费品尝好酒，全方位体验张弓白酒文化。2018 年，张弓平均每天接待访客参观约 500 人。张弓还借机推出"定制封坛酒"项目。消费者在参加体验活动后可直接定制不同容量、不同品类的白酒，由张弓代为封存保管三年。通过"定制封坛酒"，张弓不仅借助体验营销直接为企业带来了效益，还将以往积压的优质基酒库存变现。

张弓在保留部分线下宣传渠道（如广告牌、报纸广告）的基础上，借助多种数字化渠道进行品牌推广。张弓首先建立微信公众号，推出微电影，利用数字媒体宣传企业，便于消费者了解品牌产品和文化。此外，张弓将参观过酒厂的消费者聚集在一个微信群里，便于进行宣传，也为消费者分享张弓白酒体验提供了平台。张弓也开通了微信商城，定期推出白酒新品以及衍生产品，供消费者足不出户直接购买。为了维持与微信"粉丝"之间的关系，张弓通过定期组织一些线上、线下活动，成功促使一部分关注者转化为张弓的"铁杆粉丝"。

上述一系列品牌活化活动帮助张弓逐渐扭转了连年亏损的局面，品牌影响力和市场销量不断回升。2018年，张弓扭亏为赢，白酒总销售额达10亿元，市场美誉度高达99%。2019年，张弓酒业获得了"杰出老字号企业"荣誉称号。

6.6　尾声

过往的成绩让孟总决心继续在传承张弓文化的基础上，利用新兴营销传播手段重振张弓品牌。在此过程中也有困惑，如何在保留张弓文化的同时踩上时代的节拍，如何在坚持传统工艺的同时快速提高产量……但是孟总坚信，办法总会有的。

启发思考题

1. 张弓酒的品牌具有怎样的特征？兴盛时期的张弓酒的品牌资产由哪些要素构成？

2. 张弓的品牌老化体现在哪些方面？品牌老化的原因是什么？

3. 张弓酒是如何进行品牌活化的？品牌活化的效果如何？

4. 整合营销传播在张弓的品牌活化中发挥了怎样的作用？

5. 张弓的品牌活化之路对其他老字号品牌企业有哪些启示？

案例分析

1. 分析思路概述

品牌活化是品牌管理的一项重要内容，也是"市场营销"课程重要的知识点之一。在互联网时代，市场环境与技术环境的巨大变迁，使许多具有传统优势的老字号品牌的价值和市场认同度日益下降，品牌老化现象日益凸显。因此，企业如何活化历代传承的老字号品牌，是一个亟待解决的话题。本案例以老字号白酒企业张弓酒业有限公司实施品牌活化为例，通过对该问题的成因及具体策略的深入分析，试图使读者了解、掌握和思考以下三方面内容：

（1）理解老字号品牌资产的特征和构成要素，在此基础上理解品牌资产的重要性；

（2）掌握老字号品牌活化的路径与措施，以及品牌活化的不同策略和动态过程；

（3）探讨老字号品牌面临的困难，以及整合营销传播在品牌活化中的应用。

2. 案例分析关键要点

1）关键点

品牌活化策略与路径的探讨，以及通过整合营销传播促进品牌活化的具体手段。

2）关键知识点

老字号品牌活化策略、整合营销传播的手段。

3）能力点

市场营销职业判断能力、分析能力以及解决实际问题的能力。

3. 相关理论知识点

1）品牌资产

品牌资产（brand equity）是品牌管理领域中的一个重要概念，目前主要存在三种概念模型。

（1）基于财务会计的品牌资产概念模型。该概念模型认为品牌资产本质上是一种无形资产，因此必须为这种无形资产提供一个财务价值。

（2）基于市场的品牌资产概念模型。该概念模型认为一个强势的品牌应该具有强劲的品牌力，在市场上是可以迅速成长的，从而把品牌资产与品牌成长战略联系起来。

（3）基于消费者关系的品牌资产概念模型。该概念模型的主要重心还是在于品牌的长期成长及计划，认为品牌资产的核心是为消费者建立品牌的内涵。

2）品牌活化

品牌活化（brand revitalization）是品牌长期管理的一项重要内容，保持品牌年轻化的主要方法是不断进行品牌活化。品牌活化是指为了使资产再生，通过"寻根"的方式重新获取失去的品牌资产，通过一系列营销手段，不断向消费者传递品牌信息，从而扭转品牌的衰退趋势。很多专家和企业管理者都认为，任何品牌如果没有经历长时间的良好经营，都会遇到潜在的老化问题。而品牌活化就是运用各种可利用的手段扭转品牌的衰退趋势、解决品牌老化问题、增加品牌资产价值的基本途径。

3）整合营销传播理论

整合营销传播（integrated marketing communications）把品牌等与企业的所有接触点作为信息传达渠道，以直接影响消费者的购买行为为目标，是从消费者出发，运用所有手段进行有力的传播的过程。企业运用信息技术一方面处理如何及何时向消费者、潜在消费者及其他目标受众传达信息，另一方面获取并储存关于消费者和潜在消费者的信息。

4）老字号品牌

老字号品牌是指历史悠久，拥有世代传承的产品、技艺或服务，具有鲜明的中华民族传统文化背景和深厚的文化底蕴，取得社会广泛认同，形成良好信誉的品牌。从定义中可看出，老字号品牌一般具有以下几种特征：

（1）历史悠久：品牌具有传承的历史，一般建立于 1956 年以前。

（2）具有深厚的文化底蕴：具有中华民族特色和鲜明的地域文化特征，具有历史价值和文化价值，具有传承中华民族优秀传统的企业文化。

（3）信誉良好：具有良好信誉，得到广泛的社会认同和赞誉。

5）品牌资产

大卫·A.阿克（David A. Aaker）等基于前人研究，提炼出品牌资产的"五星"概念模型，认为品牌资产包括品牌知名度、品牌认知度、品牌联想度、品牌忠诚度和品牌专有资产五个部分（见图 6-1）。

（1）品牌知名度。指消费者对品牌的记忆程度，是评估品牌符号系统识别力的指标。它诉诸用户的记忆反应。

（2）品牌认知度。也称品牌美誉度，指消费者对品牌功能、品质、效用、属性的整体印象和认知，用以评估品牌利益系统的信用度是否足够。它诉诸用户的认知反应。

（3）品牌联想度。指消费者对产品利益、价格、使用场合、使用人物、形象和个性的综合联想，代表消费者对品牌的态度和情感，用以评估品牌意义系统是否能赢得用户的认同，创造足够的溢价。它诉诸用户的情绪反应。

（4）品牌忠诚度。 指消费者对品牌的钟情程度、购买倾向和消费习惯。主要是评估品牌意义系统是否能赢得用户的喜爱，创造足够的忠诚。它诉诸用户的行为反应。

（5）品牌专有资产。 包括商标、专利等知识产权。商标属于符号系统，价值在于增强识别。专利属于利益系统，价值在于信用背书。

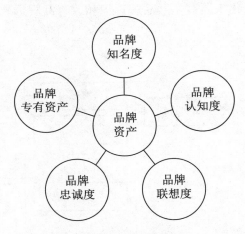

图 6-1 品牌资产五星概念模型

6）品牌老化

品牌老化是指企业品牌在市场竞争中的知名度、认知度下降，以及销量、市场占有率降低等品牌衰落现象。基于凯勒（Keller）和勒胡（Lehu）的研究，品牌老化的原因主要有：

（1）环境变化。 当环境发生变化时，如消费时尚改变、出现新竞争对手、技术革新等，企业反应过于激烈，品牌资产所依赖的根基将会动摇，品牌老化的根源在于品牌资产的流失或贬值。

（2）产品/服务问题。 如产品调研和开发滞后、创新缓慢、消费者满意承诺矛盾等。

（3）目标市场选择存在问题。 如消费者数量减少或年龄偏高、目标市场守旧等。

（4）品牌传播存在问题。 沿用传统营销方式，如传播预算减少、品牌提及率低等。

7）品牌活化

品牌活化是指为了使资产再生，通过"寻根"的方式重新获取失去的品牌资产，通过一系列营销手段，不断向消费者传递品牌信息，从而扭转品牌的衰退趋势。凯勒从消费者的认知心理出发，利用基于消费者的品牌资产模型（customer-based brand equity，CBBE）理论建立了品牌活化的基本框架，主要包括两个方面：一是寻找失去的品牌资产来源，二是识别并建立新的品牌资产来源。品牌活化主要有拓展品牌意识和改善品牌形象两条路径，如图6-2所示。

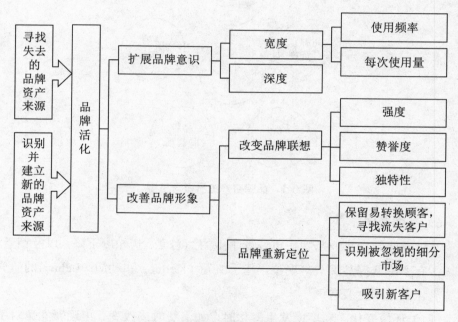

图 6-2　基于 CBBE 的品牌活化路径模型

科特勒（Kotler）提出消费者对传播的反应通常可通过反应阶段模型表示，并分为认知阶段、情感阶段和行动阶段。四个经典的反应阶段模型如图6-3所示，描述了消费者从接触信息到完成消费行为的过程。

4. 案例思考及分析

1）张弓酒的品牌具有怎样的特征？兴盛时期的张弓酒的品牌资产由哪些要素构成？

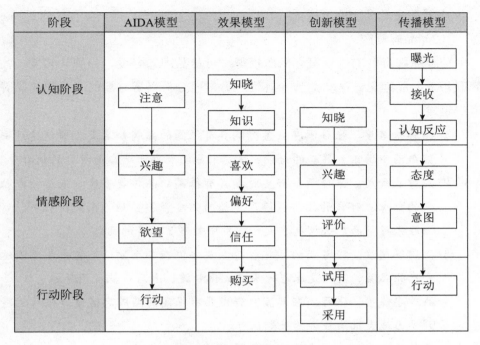

阶段	AIDA模型	效果模型	创新模型	传播模型
认知阶段	注意	知晓 知识	知晓	曝光 接收 认知反应
情感阶段	兴趣 欲望	喜欢 偏好 信任	兴趣 评价	态度 意图
行动阶段	行动	购买	试用 采用	行动

图 6-3 反应阶段模型

　　张弓酒拥有"中华老字号"荣誉称号，是典型的老字号品牌，在发展过程中具有此类品牌特有的传统优势。基于品牌特征和品牌资产分析张弓酒的品牌，参考思路如下。

（1）张弓酒的品牌特征

结合老字号品牌特征相关理论，可识别张弓酒的多种品牌特征。

① **历史悠久。**张弓酒的品牌具有极为悠久、清晰的历史传承。张弓酒始于商朝，至今酿造历史已有上千年。张弓酒厂建于 1951 年，自此，张弓酒正式创立品牌。

② **具有深厚的文化底蕴。**张弓酒承载着源远流长的中国酒文化，又具有鲜明的河南地域文化特征，富有历史价值和文化价值。酒文化在中国源远流长，是中国传统文化的重要组成部分。张弓酒不仅历史悠久，还是豫酒的突出代表之一。

③ **信誉良好。**张弓酒拥有广泛的社会认同和美誉，信誉良好。自建厂后六十多年的发展中，张弓酒先后荣获"世界金奖""地理标志保护产品"

等荣誉称号 100 多项。

（2）品牌资产

结合品牌资产的"五星"概念模型，可从品牌知名度、品牌认知度、品牌联想度、品牌忠诚度和品牌专有资产五方面分析兴盛时期的张弓酒的品牌资产组成。

① **品牌知名度。**张弓酒在兴盛时期具有很高的品牌知名度。曾创造过中国白酒市场销量第二的纪录，说明张弓酒长期活跃在消费者的视野中。

② **品牌认知度。**张弓酒在兴盛时期具有很高的品牌美誉度。张弓酒以独到的口味、可靠的品质获得了市场的高度赞誉。而"东南西北中，好酒在张弓"的广告词也在大众心目中塑造了张弓的品牌形象。

③ **品牌联想度。**张弓酒的品牌联想主要体现在三个方面。首先是**豫酒**这一产品品类，其次是**深厚的历史文化积淀**，最后是**低度酒鼻祖**。

④ **品牌忠诚度。**张弓酒在其客户群中享有很高的品牌忠诚度。张弓酒得到了当地大批消费者的长期认可。

⑤ **品牌专有资产。**张弓品牌本身、张弓酒独特的酿造工艺，以及张弓所获得的"中华老字号"称号都是企业宝贵的品牌专有资产。

2）张弓的品牌老化体现在哪些方面？品牌老化的原因是什么？

张弓在发展过程中由于创新不足、营销方式落后等原因逐渐出现品牌老化问题。读者可首先分析识别张弓在不同时期的品牌资产状况，进而通过比较不同时期的品牌资产状况，分析其品牌老化的具体表现，并进一步探讨品牌老化的原因。参考思路如下。

（1）张弓品牌老化的具体表现

张弓品牌主要历经兴盛时期、品牌老化初期和品牌老化后期。首先，对这三个时期的品牌资产状况分别进行识别。

① 兴盛时期：1998 年前

在兴盛时期，张弓的品牌资产主要来自悠久历史传承中积累形成的强烈的品牌意识和独特的品牌联想，此时的张弓品牌知名度高，品质一流，品牌忠诚度高，具有"豫酒老大"的地位，被评为豫酒"六朵金花"之一。

② 品牌老化初期：1998—2003 年

金融危机带来了市场变化，在行业的剧烈变革中，张弓故步自封，品牌老化现象初现。张弓品牌老化初期的主要表现为品牌忠诚度降低，即销量减少，市场占有率大大降低，消费者不断流失，品牌联想减弱，品牌影响力也随之削弱。

③品牌老化后期：2003—2013 年

张弓固守陈旧的营销和零售模式，使市场空间进一步被中小企业挤压，品牌美誉度降低以及品牌专有资产减弱，也让豫酒老大的地位不保，称号降为"五朵银花"，品牌优势不复存在。

整体而言，根据阿克的"五星"概念模型对比张弓品牌在兴盛时期和品牌老化时期的品牌资产，可以看到张弓的品牌老化表现为品牌知名度降低、品牌美誉度减弱、品牌忠诚度降低、品牌联想减弱、品牌专有资产减弱。张弓的品牌资产变化状况具体如表 6-1 所示。

表 6-1　张弓品牌兴盛时期和品牌老化时期的品牌资产对比

品牌资产构成要素	张弓品牌兴盛时期的品牌资产（1951—1998 年）	张弓品牌老化时期的品牌资产（1998—2013 年）	资产状况
品牌知名度	"东西南北中，好酒在张弓。"广告语深入人心，全国老幼皆知	沿用传统线下营销渠道，无互联网宣传，接触人群减少	降低
品牌认知度	遵循传统工艺，品质一流，稳居豫酒老大的位置	"张宝林"中张弓的美誉度不再，豫酒老大的地位不保	减弱
品牌忠诚度	大批消费者喝酒只认张弓牌	市场竞争激烈，消费者选择多，张弓酒的销量和市场占有率降低	降低
品牌联想	豫酒老大、低度酒鼻祖、深厚的历史积淀	仅仅是听说过的白酒品牌	减弱
品牌专有资产	"张宝林"中的"张老大"，豫酒"六朵金花"之一	"六朵金花"称号降为"五朵银花"	减弱

由表 6-1 可以看出，张弓的品牌资产在老化时期大大减少。其在知名度、认知度、忠诚度、品牌联想及专有资产方面的表现均体现出明显的品牌老化现象。

（2）张弓品牌老化的原因

在客观外力的不可抗拒性和主观革新滞后性的双重作用下，张弓品牌逐渐老化。基于提出的品牌老化相关理论，可以从环境变化、产品/服务问题、目标市场选择、品牌传播四方面对张弓品牌老化的主要原因展开分析。参考分析思路如下。

① **环境变化：豫酒优势消失，市场竞争激烈。**白酒行业的零售模式从"依靠知名度抢占市场"转变为"依靠占据零售终端抢占市场"。这种转变的一个典型标志为终端推广模式，即伴随着酒店餐饮业发展，白酒企业开始动员酒店服务人员的力量向就餐者推销某种白酒。在这种情况下，豫酒仅靠知名度难以抵御激烈的市场竞争，反而是茅台等省外强势酒企展现出了强大的终端推广能力，逐步占领市场。

② **产品 / 服务问题：坚持传统，产量不高，创新缓慢。**

a. 产品产量低。张弓在生产中严格遵循传统酿酒工艺，没有引入自动化流水线，导致产量低于竞争对手。

b. 创新力度不足。张弓的创新力度长期不足，在低度酒之后几乎没有任何重大创新，造成张弓品牌形象的衰退。

③ **目标市场选择：**张弓将其目标市场定位在中年消费群体，忽视对新市场的开拓，导致失去大量潜在客户。

④ **品牌传播：**张弓品牌传播方式陈旧，基本依靠电视和报纸进行传播，在花费高昂的同时却无法起到有效的推广作用，对企业的品牌形象产生负面影响。

3）张弓酒是如何进行品牌活化的？品牌活化的效果如何？

由于产品与服务创新、目标市场、品牌传播等方面的欠缺，张弓的品牌资产严重老化。张弓在品牌老化初期阶段没有认识到品牌活化的重要性，没有采取品牌活化措施，导致品牌继续老化；直到老化后期，张弓意识到品牌活化的必要性和重要性，进而聚焦品牌活化。基于此战略，企业从生产和营销两个方面开展了一系列的行动。根据提出的品牌活化相关理论，从拓展品牌意识和改善品牌形象两条路径分析张弓酒的品牌活化路径，参考分析思路如图 6-4 所示。

（1）拓展品牌意识

① **唤醒品牌回忆**

a. 建立"白酒文化体验馆"。张弓建立了"白酒文化体验馆"，展现张弓历史故事和白酒种类。由此吸引白酒爱好者前来参观，获得新的消费者，寻回失去的品牌资产。

b. 讲述品牌故事。张弓通过"白酒文化体验馆"和工业一日游活动向消

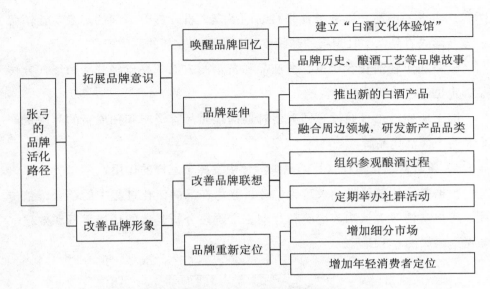

图 6-4　张弓品牌活化路径

费者积极传达了张弓品牌的真实内涵和辉煌历史，从而进一步找回了失去的品牌资产。

② 品牌延伸

a. 推出新的白酒产品。针对不同客户推出不同白酒产品，更好地覆盖各类消费人群，满足消费者的不同需求，进而识别可能获取的新品牌资产来源。

b. 融合周边领域，研发新产品品类。推出衍生产品，实现白酒产品跨类别的延伸，多层次渗透消费者的生活，提升了品牌的活力，也成功建立了新的品牌资产。

（2）改善品牌形象

① 改善品牌联想

a. 组织参观酿酒过程。张弓组织消费者参观酿酒过程，加深参与者对张弓的传统酿酒工艺的品牌联想，有助于寻回失去的品牌资产。

b. 定期举办社群活动。张弓通过社群运营向不同细分市场中的潜在客户进行了有效的品牌宣传，并组织社群活动，促使重新建立"心系客户"的品牌联想。

② 品牌重新定位

a. 增加细分市场。张弓改变低端市场策略，增加细分市场，提供贴合不同客户需求的产品，逐渐丰富张弓酒的受众人群，提升品牌的形象，让消费者逐渐形成"高档"且积极的品牌联想，从而建立新的品牌资产。

b. 增加年轻消费者定位。 在产品和营销两方面开拓年轻消费市场，宣传品牌定位，建立新的品牌资产。

综上所述，张弓通过寻回兴盛时期的优质品牌资产和拓展新的品牌资产来源两方面活化品牌。

4）整合营销传播在张弓的品牌活化中发挥了怎样的作用？

根据整合营销传播相关理论，分析张弓在品牌活化过程中的整合营销传播，可以从消费者认知、情感和行动三个阶段分析具体的传播手段和效果，参考思路如图 6-5 所示。

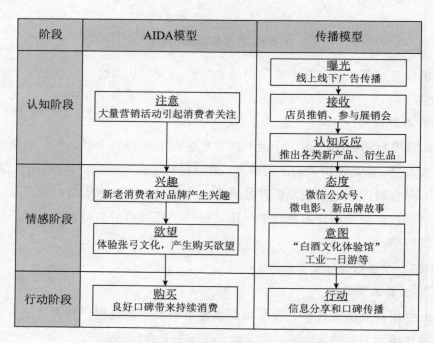

图 6-5　张弓整合营销传播信息处理过程

（1）认知阶段

认知阶段的基础是企业传播的信息能够触达消费者。从 AIDA 模型角度，张弓通过大量营销活动引起消费者注意。从传播模型角度，张弓采取广泛广告传播的方式让品牌"曝光"在消费者面前，通过实体店面的人员推销和参与展销会，让消费者"接收"到品牌信息，并且推出各类新产品和衍生品以吸引潜在的新消费者，也让老顾客耳目一新，完成从曝光到接受进而产生认知反应的营销过程。

（2）情感阶段

在情感阶段，张弓对品牌进行重新定位。从 AIDA 模型角度，张弓传递给消费者新的品牌理念并且带领消费者体验张弓文化，达到引起消费者兴趣、产生购买欲望的营销目的。从传播模型角度，张弓通过微信公众号传播品牌态度；通过开展相关活动，如"白酒文化体验馆"、工业一日游等，促使消费者对张弓再次建立了良好的品牌联想，进而产生了较强的购买意图。

（3）行为阶段

消费者对张弓品牌的购买欲望，激发了购买行为。从 AIDA 模型角度，通过网络传播和社群运营，张弓重新得到老客户的认可，良好的口碑带来更多购买行为。从传播模型角度，张弓通过信息分享和口碑传播，带来消费的增长。

根据以上分析，张弓在品牌活化过程中完成整合营销传播的各个过程，促进产品销售量增长。

5）张弓的品牌活化之路对其他老字号品牌企业有哪些启示？

以张弓为代表的老字号品牌，既要传承浓厚的传统文化和技艺，又要在日新月异的现代市场中夺得一席之地。读者可以从传承与创新的关系这一角度展开分析，参考思路如下。

（1）如何管理传承与创新之间的关系，是老字号品牌企业进一步蓬勃发展所必须回答的问题。 随着当前经济社会的飞速发展，老字号品牌曾经赖以生存的环境发生了巨大改变。传统的企业品牌管理模式已经难以满足市场需求。在这种情况下，如果一味守旧，老字号品牌的价值很可能会不断降低，逐步被市场淘汰。然而如果过于创新，老字号品牌又会变得面目全非，丧失自己独特的核心品牌资产。

（2）传承与创新的悖论的选择。 在兴盛阶段，张弓通过在传承历史文化的同时坚持创新（如率先利用电视媒体投放广告等）赢得了市场。但在品牌老化阶段，张弓一味传承原有做法，缺少创新，最终导致亏损日益加剧，品牌老化严重。直到品牌活化阶段，张弓在巩固传承产品的同时利用数字技术加强创新，最终重新建立品牌资产。

（3）不能简单照搬经验，要有策略地选择传承或创新。 老字号品牌企业的转型及管理经营不能简单照搬其他普通企业的经验，而应充分考虑企业应该坚守哪些传统实践，又应该在哪些方面利用新兴技术推陈出新，进而确保老字号品牌的持续活力。在确认企业的品牌资产构成的基础上，老字号企业应准确识别现有的经营要素与品牌资产中的核心文化要素之间是否存在紧密关联，进而采取对应策略。

5. 推荐阅读

[1] 卢泰宏，高辉. 品牌老化与品牌激活研究述评 [J]. 外国经济与管理，2007，29（2）：17-23.

[2] 张辉，白长虹，郝胜宇. 品牌资产管理新视角——基于员工的品牌资产研究述评 [J]. 外国经济与管理，2011（9）：34-42.

[3] 菲利普·科特勒. 营销管理 [M]. 15 版. 上海：上海人民出版社，2016.

[4] 舒尔兹，田纳本，劳特朋，等. 整合营销传播 [M]. 呼和浩特：内蒙古人民出版社，1998.

[5] 张峰. 基于顾客的品牌资产构成研究述评与模型重构 [J]. 管理学报，2011，8（4）：552-558.

[6] 李岩岩. 品牌活化研究综述 [J]. 科技创业月刊，2007（7）：67-69.

[7] Berry N C. Revitalizing Brands[J]. Journal of Consumer Marketing, 1988, 5(3): 15-20.

[8] Keller K L. Managing Brands for the Long Run: Brand Reinforcement and Revitalization Strategies[J]. California Management Review, 1999, 41(3): 102-124.

[9] Keller K L. Conceptualizing, Measuring, and Managing Customer-Based Brand Equity[J]. Journal of Marketing, 1993, 57(1):1-22.

[10] Lehu J M. Back to life! Why Brands Grow Old and Sometimes Die and What Managers then Do: An Exploratory Qualitative Research Put Into the French Context[J]. Journal of Marketing Communications, 2004, 10(2): 133-152.

品 牌 建 设 篇

第 7 章 海南航空的品牌建设之路

摘 要： 品牌建设在企业经营活动中的重要性与日俱增，对于航空企业更是尤为重要。海南航空控股股份有限公司（以下简称海南航空）在创立之初以积累资本、扩大市场份额的方式提升品牌知名度，后以差异化的优质服务成为国际著名品牌，并通过发展多元化产业等方式实现初步的品牌建设。但在实施快速扩张战略后，海南航空的资金债务问题日益显现，导致企业濒临破产。在发展的不同时期，海南航空如何进行品牌建设？出现品牌危机时，海南航空又该如何面对？管理效果如何？本案例系统地梳理了海南航空的品牌建设过程，为我国同类航空企业的品牌建设提供了富有价值的经验借鉴。

关键词： 航空企业、品牌建设、品牌延伸、品牌再定位

7.1 引言

当刚刚成立的海南航空用租借来的两架 737 波音客机成功完成公司历史上的首次航行时，可能没有人能想到，这家企业将在中国航空产业的品牌榜上留下不可磨灭的浓墨重彩，一个波澜壮阔的时代即将缓缓拉开帷幕……

143

7.2 行业背景及公司介绍

7.2.1 行业背景

改革开放后，我国民航产业开始蓬勃发展。1980 年，中国民航开始实施企业管理模式；1984 年，国家鼓励地方成立航空公司；2002 年，中国国际航空公司（以下简称国航）、南方航空公司（以下简称南航）、东方航空公司（以下简称东航）通过重组，形成航空市场三足鼎立的格局；2006 年，中国放开了外国航空公司进入民航市场的限制，许多外国资本和国外航空公司涌入民航市场；2010 年，中国提出促进民航业持续发展的安全战略、全球化战略和大众化战略；2016 年，民航局发文，进一步抬高了新设航空公司的准入门槛。中国从航空运输服务、机场建设整体规划、国内外航线网络布局、现代科技手段投入等多方面入手，全方位实施改革，全面推动中国民航业发展。从 2013 年到 2019 年，中国定期航班总量、机场旅客吞吐量、货物吞吐量都持续走高，中国民航市场成为全球关注热点，其广阔的发展前景是各航空公司的机遇，也是挑战。目前，国航、南航和东航共占 60% 以上的中国民航市场份额，激烈的市场竞争环境对航空公司的品牌建设提出了更高的要求。

2020 年，全球民航市场遭受重创，国内市场也未能幸免。中国民航运输各项业务均呈下降趋势，全年总周转量约 799 亿吨公里，仅为 2019 年的 61.7%；全年运送旅客总量约 4.2 亿人次，仅为 2019 年的 63.3%；货物航空运输总量约 677 万吨，仅为 2019 年的 89.8%。欧美等国疫情防控不到位加剧了全球航空市场危机，而我国对疫情的有效控制从一定程度上缓解了国内民航业务的下降趋势，从全球民航市场占有量来看，中国以超过 19.9% 的市场份额超过美国的 16.6%，第一次跃居世界第一。

如今，面对国航、南航、东航三家国字头的航空公司，以及厦门航空、吉祥航空等多家地方航空公司的激烈竞争，海南航空在品牌建设方面压力很大。

7.2.2　公司介绍

海南航空于 1993 年 1 月成立于海南省。公司以热情、诚信、业绩、创新为理念，打造内修中华传统文化精粹、外融西方先进科学技术的企业文化，迅速成长为中国发展最快、活力最强的民营航空公司。

海南航空积极响应"民航强国"的发展战略，加速国内国际布局，营运基地和分公司遍布北京、广州、海口、深圳等 24 个大中城市，同时积极构建国际和国内高效互动、具有一定规模的世界级航空网络，努力建设规模和运营能力位居世界前列的航空公司，打造世界级航空企业和品牌。截至 2020 年年底，海南航空及其旗下子公司共运营 2000 余条国内外航线，国际航线覆盖亚洲地区并辐射至欧洲、北美洲、大洋洲。

在公司的发展过程中，海南航空始终把安全运营作为最高标准，连续超过 27 年无安全事故，累计安全飞行超过 790 万小时。坚持以满足客户需求为宗旨，贯彻"以客为尊"的理念，先后购买、租用波音 737、787 系列和空客 330、350 系列机型，致力于提升飞行体验，不断满足旅客期望。2020 年 7 月，海南航空在《财富》中国 500 强中居第 141 位，后因发展战略调整，于 2021 年 2 月进入破产重整阶段，目前所有航空产业生产经营活动正常。

7.3　起家海岛，腾挪求存

1993 年，刚刚成立的海南航空在既没有自己的飞机和设施，也没有充裕资金的情况下，靠着克服重重困难才租借到的两架 737 波音客机成功完成了公司历史上的首次航行。此时的海南航空基本上只有政府提供的 1000 万元资金，公司甚至一度不知道该怎么让唯一的一条航线维系正常经营。幸运的是，得益于当时的海南省作为国家首批股份制试点省份所享有的特殊政策，海南航空通过公司股份制改造、上市等方式融资 2.5 亿元，成功购买两架 737-300 飞机，总算有了一定的独立运输能力。

即使是在如此困难的情况下，海南航空的管理者们也非常重视海南航空的品牌建设。他们深知，优质的企业品牌是应对航空业残酷竞争的必要资产。但当时海南航空的管理者对品牌建设的理解仅限于扩大品牌知名度，并未对具体的品牌定位进行深入考量。因此，海南航空为了扩大品牌知名度，不惜使出十八般武艺，甚至采用路边卖票和上门卖票等方法，以期提升公众对企业的认知，达到品牌建设目标。功夫不负有心人，海南航空的收入和利润都取得了喜人成绩。公司全年主营销售收入超过 1.1 亿元，利润达 6876 万元，实现了当年运营、当年盈利，谱写了中国民航史上的新篇章。海南航空也随之通过新华社等官方媒体的宣传跃入大众视野，并得到政府领导人以及民航局的肯定。海南航空由此名声大噪，其机票也瞬间成为抢手商品。

为持续提升品牌影响力，海南航空开始不断扩大产业规模。一方面，海南航空积极参加机场的建设，不仅出资人民币 7.8 亿元入股美兰机场有限责任公司，获得了海口美兰机场的控股权，还将海南机场股份有限公司、三亚凤凰国际机场也纳入掌控；另一方面，海南航空持续进行收购和重组，进一步扩张公司规模，海南航空的品牌影响力由此大增。在海南航空发展形势一片大好时，政策发生较大变化，中国民航总局提出推动重组国内民航公司，并宣布以国航、东航和南航为基础，通过兼并地方航空公司，组建平均资产在人民币 500 亿元左右的三大航空集团。在此情况下，海南航空决定主动出击，抢占市场以扩大自身市场份额，因为只有形成规模才能保持独立。于是，海南航空以实物出资的形式，以两亿元收购陕西长安航空有限公司 26.5% 的股权，并以西安为辐射源，快速建立西北区域支线网络，之后又分别出资控股中国新华航空集团有限公司、山西航空有限责任公司等航空企业。上述兼并行为，使海南航空在面对由中国民航总局主导的并购潮时能处于比较主动的局面，并形成能与三大航空集团抗衡的体量与实力。

另一个提升品牌影响力的方法是通过"规范专业"赢得"品牌荣誉和认证"，借助品牌传播促进品牌知名度的提升。海南航空深知飞行安全是消费者的核心关切，始终将飞行安全放在最重要的位置，建立严密的规章制度，实施严苛的流程监控管理，并因此获得"中国民航年度安全生产金鹰杯"。同时，海南航空主动申请参与国际民航业的资质认证，寻求更多的专业"盖章"，包括成为国际航协正式会员、通过 ISO9001 质量体系认证等。以上种种使海南航空成为在民航市场中响当当的、在消费者眼中值得信赖的品牌。

此外，海南航空对并购的航空企业实行统一管控和合并运行，使用统一的航班号、安全责任和运行标准，在强化管理的同时进一步提升品牌合力。为此，海航综合运用了多种措施持续加强管控，包括动员各地合计数千名员工南下海口办公；对标国内和世界知名大航空公司，有针对性地调整管理手册、工作手册、员工编制和管理层岗位；派出管理层直接管理海口美兰机场和三亚凤凰机场，全面加强整顿；集中财务权，海南航空总部集中统筹管理所有收购公司的财务。

随着海南航空航线及销路打开、官方背书推广、产业规模扩大和内部管理逐渐规范化，海南航空的品牌建设初见成效，获得"国内第四大航空公司"的称誉。

7.4　北入内陆，持续发展

在初步形成品牌形象之后，海南航空还需要开展持续、有效的品牌建设。此时海南航空决定北上，继续开拓内陆的广大市场，甚至直接将市场销售部迁至北京，并在北京设置了多个业务部门的分部门，以便与海口总部配合，更全面快速地开展工作。

7.4.1　明确海南航空品牌定位

虽然海南航空已经具有一定知名度，但为了更好地扩大市场，海南航空决定将工作重心聚焦于品牌建设，首先需要明确海南航空的品牌定位。海南航空深入分析公司在航空市场中的竞争对手。第一大竞争对手是国航。国航在中国民航市场中拥有绝对的市场优势，不仅成立时间最久，拥有得天独厚的网络结构和时刻资源，而且拥有大量国际航线和较好的国际竞争力。此外，国航还非常注重展示中华文明深厚底蕴，展现中国风采。以上种种原因，使国航几乎成为机关和事业单位的指定出行航司。第二大竞争对手是位于广州的南航。南航具有北上的航线网络优势和南下开拓国际航线的地域优势，成为除了国航之外最受欢迎的航空出行选择。第三大竞争对手是位于上海的东航。东航利用上海得天独厚的交通枢纽条件，抢占了江浙沪一带大量的优势航班时刻，通过"打造世界一流，建设幸福东航"的战略定位，吸引大量国内外客源。此时，三家航空公司都拥有各自的消费者市场，海南航空想要获取新的市场份额，就需要与国航、南航和东航进行市场竞争。然而，经过对华北、华中、华南、西北、东北和西南等重点区域一番全面的市场调查后，海南航空认为自己无法正面与这三大航空公司竞争。与三大航空公司相比，网络布局、时刻资源、机队规模、顾客基数等方面，海南航空都没有任何优势。

此时，差异化竞争策略似乎成为一种选择。调研发现，随着生活水平的提高，高端消费者对于企业服务有更高需求，然而各家航司还未充分提升服务水平。而对当时的海南航空而言，相较于投入大量资金进行网络布局、抢占航班航线，短时间内快速提升服务水平更容易实现，只需加强内部管理沟通，例如制定统一的服务体系并对客舱工作人员进行培训等。因此，"服务"成为海南航空品牌的定位目标。通过进一步对服务高需求人群进行调研，海南航空发现其他竞争对手虽然也强调服务，但仅限于机上服务；而对高服务需求人群而言，机上服务仅仅是旅途中的一个部分，从接触航空公司开始到离开机场的全流程中，他们都希望能够拥有更好的服务体验。至此，海南航空明确以"空地无缝隙衔接服务"作为品牌核心优势，让旅客从接触航空公司开始到离开机场的全流程全面感受到不一样的贴心服务。

除了用服务获取国内市场份额外，海南航空在国际航线开拓方面也开始发力，希望利用服务特色进一步扩大品牌知名度：北京直达布鲁塞尔的航班实现了北京到欧洲的双城飞行，为中国和欧洲的政经商交流搭起桥梁，也为海南航空的品牌国际化奠定基础；后续接连开通的海口至大阪国际航线、上海经北京至布鲁塞尔航线、上海至波士顿货运航线等，都为海南航空在国际市场树立品牌形象打下了坚实的根基。

7.4.2　统筹规划海南航空品牌

在品牌定位明确后，海南航空开始围绕品牌建设策略，统筹规划品牌建设的具体措施。

首先，海南航空积极储备各类业务人才，特别是市场、财务、金融等专业人才，以及涉及旅客保障的地面单位、售票处以及客舱等部门需要的人才。通过在全国范围内广发英雄帖，海南航空将很多行业精英收入麾下。同时借鉴其他同行做法，制定了严格的内部工作流程，并设立培训、安检等单位，确保各业务线的作业规范可控。

其次，落实"服务"的品牌定位，围绕其开展营销活动，向旅客提供空地无缝隙衔接优质服务。海南航空梳理"以客为尊"的理念，不断创新和改革各种服务产品，并利用客户关系管理体系闭环管控服务过程，持续强化完善服务质量，为旅客提供更好的体验。

具体来说，在地面上，从旅客订座出票开始，海南航空要求工作人员需全程微笑并使用标准的礼貌用语，热情回应旅客的任何需求，主动想旅客所想，急旅客所急，如在办理乘机手续时主动询问旅客乘机需求，照顾老弱病残孕以及其他特殊乘客，为后续空中服务提供信息；在空中时，海南航空要求工作人员精神饱满、热情周到，除提供常规的服务外，还需积极配合旅客的临时重大仪式举办需要（如求婚或过生日），主动关怀机舱中的老人和孩子，规律提供客舱餐饮，帮助乘客提拉扛大件行李等。为达到让旅客满意的目的，海南航空从完善航线航班网络开始，强化机组机务、维修维护、地面现场保障，加强运行运控协调，使用新飞行技术等，通过一系列的内控管理，全方位提升航班正点率。为达到满足旅客多样化服务要求的目的，海南航空基于旅客的各种出行场景设立系统完善的产品和服务体系，如 App 中的登机口升舱服务、中转酒店在线预订平台、人脸识别、国际官网自助改期等，通过提升智能化服务水平，给予旅客更加便捷的出行体验。为不断提升服务水平，海南航空对旅客服务满意度和客户投诉非常重视，通过设置专门的客服热线、搭建门户网站、使用电子邮箱、微博和微信等多种渠道，深入了解客户想法，广泛收集各类意见，并积极反馈解决方案。

再次，为了突出品牌形象，海南航空积极参加国际航空公司服务质量评估。SKYTRAX 航空公司星级评定项目是全球认可度、接受度最高的服务质量评估项目之一，评估内容涉及航空公司服务的各个维度，既有票务柜台、贵宾室、值机中转、登机到达等机场软硬件，也有客舱座椅、客舱清洁、机上餐饮、广播娱乐等飞机软硬件，还包括网站、安全程序、免税品等其他方面，综合航司各方面表现给予"一星"至"五星"评级。海南航空长期按照"五星"

标准进行自我升级，坚持以精益求精的匠心精神改善服务品质，成为中国内地首家获得 SKYTRAX 四星评级的航空公司。

最后，海南航空利用民航总局鼓励成立地方航司的机会，积极与地方政府合作，在各地成立海南航空系公司，充分获取地方的资源条件以完善海南航空网络体系，陆续成立了云南祥鹏航空、天津航空、西部航空、首都航空等多家地方航空公司，并重组甘肃机场集团，入股香港航空。

海南航空围绕品牌定位进行品牌建设，通过内部整合管理从多维度提升服务水平，逐步形成了自身的品牌特色、品牌价值和品牌形象。

7.4.3 提升海南航空品牌影响力

随着品牌特色的确立，海南航空在深入研究市场状况和客户需求基础上，不断提高地面、客舱、餐饮等方面的服务水平，为旅客提供及时、优质的服务，航空评级也被提升为"Skytrax 五星航空公司"，代表着海南航空服务在国际上被高度认可。基于"空地无缝隙衔接服务"的理念，海南航空通过从地面到空中的全方位一体化服务，给予全球旅客超出预期的、温馨周到的飞行体验。

为了进一步提升品牌影响力，海南航空开始尝试为旅客提供更多差异化的服务，旨在满足消费者的个性化需求。首先，海南航空增加了 CARE MORE 关怀专项服务。海南航空在全国各售票处设立特殊旅客专席，新增客舱宠物运输、器官运输、精神抚慰犬，向无陪听力障碍、无陪视力障碍旅客等提供无陪服务，并实施空地联动机制，做到专人跟踪航班动态，及时联系旅客实施后续保护，保证旅客出行的安全和舒适。其次，海南航空以全球优秀航空公司为标准，以五星服务为目标，不断提升服务水平。考虑到旅客的实际需求，在地面服务中，海南航空增加了路线引导、中转免费住宿、接送服务、专属值机区等服务内容；在机上服务中，为了给乘客提供更舒适的飞行体验，引进 787-8 梦想客机，并提供品牌耳机供旅客享受机上娱乐设备；对于商务舱有高服务需求的旅客，一方面提供更宽敞的空间，另一方面持续研发创新海南航空特色餐品。

在广告传播方面，海南航空专门制作了宣传片和宣传手册，着重展示一体化服务理念，让公众能更深入全面地了解海南航空的"空地无缝隙衔接服务"，并强调其独特的五星级航空服务。

为了更好地传递品牌价值，海南航空也积极服务社会，践行企业社会责任，形成"为社会做点事，为他人做点事"的企业文化。截至 2016 年，海南航空已经开展 100 多个公益项目，累计支出 100 多亿元。其中，"光明行"项目已为上万名白内障患者带去光明；百口"至善井"帮助海南逾 30 万人吃上无污染的健康地下深水。海南航空也通过积极开展志愿服务活动服务社会，特别是针对需要特殊关爱的人群，例如帮助贫困家庭和留守儿童的"暖流计划"、"成长之路，海南航空相伴"海南航空党员下乡支教活动、"我为青春献热血"献血活动等。鉴于其突出的公益表现，海南航空连续 7 年获得来自各级政府的表彰，其中包括在中国慈善领域具有极高认可度的"中华慈善奖"，由联合国颁发的"南南奖——企业社会责任奖"。贯穿企业发展始终的公益活动体现了海南航空对社会责任的履行和重视，传递了其服务至上的品牌特色，收获了越来越多的消费者的认可和信任，进一步建立了良好的品牌形象并扩大了品牌影响力。

通过服务的不断改善和品牌传播，海南航空以服务为特色的品牌定位逐渐获得消费者认可，品牌信任度不断提高，市场占有率稳定增长。此外，海南航空的品牌影响力也逐渐提升，多次获得"Skytrax 五星航空公司"的荣誉，在世界最佳航空公司排名中也名列前茅。

7.5　多元发展，危机四伏

随着海南航空品牌影响力在中国市场甚至世界航空市场的提升，由海南航空背书的海南航空系企业开始数量大增，海南航空的产业体系变得更加多元化。

7.5.1　航空产业遍布各地

海南航空在全国各地有多家航空公司和机场，通过航空产业的多方位发展，海南航空逐渐成为国人甚至世界旅行者关注的知名品牌。

利用国家民航局推出的鼓励成立地方航司的相关政策，海南航空在全国进一步设立并孵化了多家各具地方特色的航空公司，形成了一个以海南航空为主体、由 9 家地方航空公司共同组成的航空集团。其中，海南航空以海口和北京为主根据地，主打高品质的航线服务，在各个方面均是其他航司的标杆榜样。其他地方航司则分踞全国不同地区开辟国内的区域性航线，如长安航空主要以陕西为源头开拓航线；天津航空主要开辟天津至东北的航线网络；而以大兴机场为辐射点的首都航空则承担着帮助兄弟航司在首都搭建国内外航线网络的重任；在低成本市场被奉为发展楷模的西部航空盘踞重庆，默默地把守西南区域的市场；牢牢深耕新疆的乌鲁木齐航空则更多地为边疆居民出行出力；还有北部湾航空、桂林航空和福州航空，分别在广西和福建一带布局飞行；基地建在昆明的祥鹏航空为云南的旅游事业不停奋斗。总体而言，虽然这些航空品牌均属地方航空，但其价格和航线品质均有不同程度的差异，从不同角度切入了中国民用航空市场。

由此，海南航空不仅构建了多样化、全覆盖的全国性航空网络，还进一步打造出了国际国内高效互动、品质型、规模化的世界级卓越航空网络。截至 2018 年，海南航空及旗下控股子公司共运营国内外航线 2000 余条，其中国内航线 1800 余条，国际航线 258 条，航线覆盖亚洲、欧洲、北美洲、南美洲和大洋洲，通航境外 66 个城市，为海南航空品牌的国内业务拓展和国际化发展奠定了强有力的基础。

而海南航空拥有的从各地收购或者与地方共建的多家机场更是让海南航空品牌的航空产业进一步延伸。通过收购或者自建，海南航空掌握了遍布海南海口、三亚、琼海、三沙等多个地方的十多个机场，并在全国 24 个城市建立了自己的航空营运基地或分公司。可以说，海南航空体系已经下沉到全国，联通到世界，并因高质量的运转体系以及上乘的市场表现形成了一定品牌口碑，扬名四海。

7.5.2　买遍全球实现多元化

海南航空并未将业务版图局限于航空产业，而是多角度扩展自己的产业领域，可以说是以买遍全球的方式实现了品牌的全面化、多元化发展。

其实海南航空自创立以来，就一直关注产业的多元化，先后收购并购了澳大利亚 Allco 集团航空租赁业务（后更名为香港航空租赁）、土耳其飞机维修公司 myTECHNIC、挪威上市公司 GTB；接着又收购世界第四大集装箱租赁公司新加坡 GE Seaco 和香港康泰旅行社；收购法国蓝鹰航空48% 的股权；投资非洲加纳 AWA 航空公司；随后收购西班牙 NH 酒店集团 20% 的股权，合并到海南航空酒店经营；又出资组建肯尼亚联合航空公司。在国内先后也有不少新产业，如邮轮公司，海南航空在中国大陆算是第一家买入豪华游轮的公司，这就是后来被旅游市场所熟知的海南航空旅业游轮游艇管理有限公司。海南航空在北京还建成了海南航空北京优联耳鼻喉医院。

自 2015 年开始，海南航空更重视产业多元化，陆续收购南非商务航空集团 6.2% 的股份、Swissport 100% 的股权、爱尔兰飞机租赁公司 100% 的股权、巴西蔚蓝航空 23.7% 的股权。2015 年 11 月，海南航空通过买入 24.1% 的股份，成为途牛旅游网最大股东。多元化发展成为公司战略的重点。海南航空资本操作速度进一步提升，海南航空几乎以一年至少一个的速度收购国际知名大公司，进一步提升海南航空品牌的国际综合影响力。2016 年，海南航空继续加大资本运作力度，先后收购、并购、参股希尔顿、IMI 英迈、GECAS、CIT、Azul 航空、瑞士航空配餐公司 Gategroup、英国外币兑换运营商 ICE、卡尔森酒店集团及其持有的瑞德酒店集团、TAP 葡萄牙航空公司、SR Technics、维珍澳洲股，同时还在曼哈顿和伦敦购入地产，跨境并购体量将近 2000 亿元。

通过在国内外控股、参股、并购等密集的资本运作，海南航空从单一的地方航空公司逐步发展壮大成产业遍布全球、涉足多个产业的复合型企业集团，2016 年总资产超人民币 1 万亿元，实现收入超过人民币 6000 亿元，进入全球 500 强公司的前 200 名，是当之无愧的民营企业中的佼佼者，在国内外都形成了较强的品牌影响力。海南航空成功参与到航空、酒店旅游、飞机租赁、IT 分销等 7 个不同产业，实现"吃住行游购娱"全覆盖，旗下拥有以海南航空为代表的世界级品牌 15 个。与此同时，海南航空还服务于国家战略，直飞"一带一路"航线，推动"一带一路"沿线互联互通，从而多方位延伸发展海南航空品牌。

2017年，海南航空首次进入Skytrax机构评选的"全球最佳航空公司"榜单，位居第十，并且第七次被Skytrax机构评为五星航空公司。此时的海南航空实现了向国际化品牌的飞跃，市场影响力大增，成为当时中国企业国际化的一张耀眼名片。

7.5.3 光鲜背后暗藏危机

海南航空之所以能成功地实现品牌延伸战略，在非航空领域快速成长，根本在于其活跃甚至激进的资本运作活动。海南航空以控股子公司上市融资的方式获得了规模极为庞大的可支配资金，这为海南航空买遍全球提供了有力的资金支持。为了进一步获取发展资金，也为了让员工共享企业发展红利，海南航空还通过线上线下各渠道发售不同的信托项目。员工本人或家属（后拓展到其他社会人员也可参与）可以通过银行或者线上App（聚宝汇、前海南航空交所）等将个人、家庭或亲友资金汇入，然后由资金募集方按照约定支付利息并如期返还本金。通过这种信托募集内外人员闲散资金的方式，海南航空又获取了千亿元以上的资金。这些资本运作行为及其效果令海南航空成为全球财经领域的高频词之一，CNN、FOX等知名国外媒体都专门做过海南航空的专栏报道。

花团锦簇的背后亦有暗流涌动。在海南航空大举扩张的过程中，以各子公司间相互担保的方式撬动了巨额资金，但这导致公司的杠杆率很高，也为后来危机爆发埋下伏笔。

更为不利的是，在2017年海南航空登顶巅峰之际，国内外政商环境有了较大变化。2017年开始，国家宏观层面对国内企业的海外投资做了收紧整顿。尽管海南航空在其中也受到了一定影响，但当时的海南航空并没有意识到形势的严峻性，没有及时、快速地收缩调整，反而继续大举扩张，认为这是进一步提高自己品牌国际影响力的好机会。同时，在激烈的市场竞争中，海南航空的市场份额开始下降，盈利能力受到影响。如果说海南航空在原本较为积极的市场环境下可以顺利维系高速扩张，那这一系列环境变化就为海南航空的发展添加了大量的不确定性。

虽然海南航空对舆论环境中的负面声音有所察觉，但在企业尚未出现重大经营问题时，其更多地选择去加强公共关系管理，积极回应相关负面新闻，从而维护企业的品牌形象。

7.6　处理危机，聚焦航空

遗憾的是，海南航空的财务隐忧并未得到化解，反而从 2017 年下半年开始日益严重，并在 2018 年集中爆发，最终为海南航空带来了存亡危机。

7.6.1　未雨绸缪，理舆情定预案

2017 年年底，关于"海南航空资金链出现问题"的市场传言四起，海南航空被骤然暴露于无形的狂风暴雨里，海南航空品牌形象开始遭受冲击。海南航空的品牌管理人员持续评估这些负面因素可能造成的潜在影响，准备相关预案，也在持续对不同利益相关方（如投资人、员工及员工家属、社会各界公众等）进行舆情追踪，收集和整理各方情况。这些也为企业在后续发展中能够及时了解利益相关方态度、有效传递企业的最新动态信息、尽可能控制危机发酵奠定了基础。

7.6.2　危机突至，冲击品牌形象

海南航空的负面舆论在坊间愈演愈烈，导致金融市场开始做出反应。首先，银行对海南航空企业陆续停贷。2018 年年初，多家银行通过非官方渠道告知海南航空即日起停贷。其次，海南航空的股权质押等项目也多次被拒。银行的停贷传闻和股权质押项目不成功等消息带来的影响直接体现在资本市场上，引起了海南航空系数次股债双杀的现象。

面对市场传闻，海南航空集团董事局主席陈峰于 2018 年 1 月 18 日首次承认企业存在暂时性的流动性困难，但属于可控范围，希望以公开表态稳定局面。后海南航空系股票连续三个交易日下跌，仅 1 月 22 日，海南航空系持有的 5 家上市公司市值共蒸发约 30.11 亿元人民币。这些资金资本的变化对于

海南航空正常经营造成很大影响，海南航空品牌遭受大量质疑。

雪上加霜的是，2018年6月，海南航空当时的实际掌控人王健先生在法国因意外突然离世，导致本就非常脆弱的局势再起波澜。事实上，海南航空在同一时期刚刚把"聚焦航空运输主业，健康发展"调整为公司的战略目标，并在据此研究制订应对舆论和资金危机、保护海南航空品牌的各种方案。而王建先生的骤然离世无疑为海南航空本已错综复杂的局面再添不利变数，导致海南航空的品牌形象再次受到很大冲击。这种冲击从资本市场一直延伸到了普通公众的认知评价中。在网络中，"海南航空要被收购了""海南航空要破产了""海南航空欠钱不还""海南航空没钱加油""海南航空没钱修飞机""海南航空飞机飞不起来了"等成为热搜高频词，很多以往的忠实顾客都陷入对海南航空的怀疑之中，甚至放弃了搭乘海南航空的航班。在经由某网站发起的"你还会坐海南航空的飞机吗"的调查中，很多人选择观望，还有不少人选择不会再坐了。来自消费群体的大规模否定与怀疑充分体现了海南航空的品牌形象受到的深刻伤害，这也让海南航空的管理者备受煎熬。

一波不平，一波又起。海南航空的理财平台聚宝汇、前海南航空交所等陆续出现到期无法兑付的情况。消息传出，一大批投资者要求海南航空兑付前期投入的资金，出现挤兑现象，甚至有投资者到海南航空位于全国各地的办公场所特别是北京的霄云路海南航空大厦、海口的海南航空大厦堵门讨债。海南航空成为市场大小投资者唯恐避之而不及的名字。海南航空经常会收到关于债务纠纷的法院传票，甚至成立了工作小组专门收取处理此类函件。这些情况更是让海南航空的品牌形象跌入泥潭。

曾经叱咤风云、金光四射的海南航空品牌，转眼间就已是风雨飘摇、前路晦暗。

7.6.3 聚焦主业，保护航空品牌

海南航空真正站在了生死存亡的关头。20多年的心血岂能付之东流？海南航空全员和所有关心海南航空的社会各界积极行动起来，用各自的行动试图保护这块倾注了无数人心血和情怀的品牌。

为了阻止资金流动性危机对于海南航空品牌的冲击，海南航空用尽各种

办法来回收和节约资金为正常的生产经营"充血自救"。一开始，海南航空通过聚焦航空的自救修复海南航空品牌形象。2018 年 7 月 5 日，已隐退两年多的陈峰决定回到台前带领董事会力挽狂澜。第一是纠正干部队伍建设的问题，第二是重提海南航空的传统企业文化，第三是全面梳理、明确公司后续的战略发展方向，解决公司治理问题，并敲定解决流动性危机的方案。最坚决的措施是处置一系列资产。从海口大英山 CBD 资产到香港办公楼和地块，再到纽约、伦敦、芝加哥等地的物业均被卖掉。同步被处理的还有海南航空的物流、地产等业务。在处置的过程中，重点解决高速扩张时期的多元化业务问题，比如金融资产，这成为海南航空最先割舍的板块。在一年的时间里，海南航空迅速处理了以金融、地产等为代表的非主业资产，累计超过 3000 亿元。通过这个办法海南航空切断了许多可能会危及品牌的经营风险。同时，为缩减开支，海南航空大幅度调减公司管理干部人数，深入贯彻公司组织架构的扁平化改革，进一步改变公司干部的管理岗设置，大举优化全员的薪酬结构。

在大刀阔斧自救的同时，海南航空也非常注意保持良好的公众沟通。为了尽可能稳定局面、避免不实信息对企业的伤害，海南航空先后召集数十次投资者会议，并持续通过海南航空的官网、公众号以及权威的政府官方媒体等发布企业情况动态，确保投资人及时接收到可靠的信息，避免造成恐慌。

不仅如此，海南航空准备了周密的沟通策略，对不同利益相关方都采用了尽可能有针对性的沟通方式。例如，为了在有效沟通的同时尽可能维护投资者和股东利益，海南航空的几次重大信息发布的时间都选在了周五下班后，借用"周末效应"充分利用周末消化信息，减弱信息波动对上市资产的影响，从而尽可能保护各方利益，传递出品牌的责任担当。

在积极自救的基础上，海南航空也积极引入政府工作组，进一步借助外力修复海南航空品牌形象。经过两年的自救调整，海南航空慢慢恢复元气，在回归航空主业的转型之路上顺利航行。

然而 2020 年的新型冠状病毒感染疫情再次对海南航空营收能力造成重创。在高负债的压力下，海南航空想要通过市场融资渡过难关已经变得极其困难。走投无路之下，为尽可能保护数十万债权人和数十万员工的利益，争取最大化地保护好企业的品牌核心资产，海南航空主动恳请国家和海南省给予救助。2020年2月末，由海南省政府牵头，相关部门参与，成立"海南省海南航空集团联合工作组"并进驻海南航空，负责处置海南航空集团风险。这被认为是官方背书，支持和帮助海南航空化解和降低风险。消息公布后，工作组组长顾刚接受新闻媒体采访，明确表示海南航空债务问题会得到妥善处理，也正面表示海南航空会正常运行，海南航空员工不会失业没工作。这些表态正面回答了公众的疑虑，防止了海南航空品牌形象的进一步下滑。

工作组入驻后，首先是采取措施，积极推进处置南海明珠人工岛、大英山等四块地的相关项目，实现部分现金回流。随后采取整体救助性贷款、债券融资、债券展期等多种措施，进一步筹集资金，缓解资金紧张状况。同时，针对Swissport等境外资产存在的风险，采取有力措施妥善化解，还割让出售了英迈国际等一批特大型境外资产，尽量保全境外资产。这些措施尽可能地保护了海南航空的利益。

工作组非常重视，与海南航空内部员工进行了坦率的沟通，确保了组织内部的凝聚力。工作组负责人顾总曾以邮件形式向海南航空内部干部员工陈述企业出现品牌危机的实际情况，明确承认企业当前的危机是由于战略规划失误（无统筹计划的四处收购，而且被别有用心的人故意设置有失公允的商业条款），导致企业大量资产流失，最终造成严重后果。工作组也以公开承诺和实际行动着力解决海南航空员工的收入待遇问题，确保优先保障员工工资，有序推进历史欠薪问题得到解决。这些措施稳住了军心，对于在困难时期维护海南航空品牌具有重要价值。

在这一风雨飘摇的时期，海南航空也比以往更加强调安全生产和优质服务，以期消除公众对企业的大量误解和疑虑。一方面，公司内部再次重申安全是海南航空的生命线和高压线，高频次发文要求全员把安全放在第一位，严惩各类事故征候责任人和当事人，坚持服务标准不降，严格执行首问责任制，用实际行动消除公众的疑虑。另一方面，海南航空努力维系"优质服务"，让旅客体会到海南航空品牌的核心特质从未改变。除了凡事要求"首问责任"外，企业还继续大力贯彻"店小二"服务精神，这是海南航空服务的"基因"，内涵是"以客为尊，真情服务，心存敬畏"，提升线上线下销售体验感，把贴心和舒适以及便捷的产品提供给每一位消费者，用实际行动更详尽地诠释海南航空以人为本的旅客服务精神，让便捷出行的旅客服务真正体现在消费者的亲身体验中。

在将近一年时间内，海南航空品牌保卫战取得一定成果，到 2021 年 1 月末，海南航空实现了全面复工复产。同时，联合工作组全面排查了海南航空集团的资产情况、管理结构、股权债权关系，摸清了海南航空系 2000 多家企业负债情况，结果表明海南航空存在的问题非常严重。为了避免债务负担大到影响海南航空的航空主业正常运转，破产重整成为保护海南航空品牌、重振海南航空的最佳解决方案。联合工作组主导明确了风险处置工作思路，按照"法治化、市场化"原则，提出具体方案，从防控风险、维护各方利益，确保主业安全运营等方面确定了目标。由此，海南航空进入破产重整阶段。

2021 年 1 月 29 日，海南航空正式申请破产重整。公告发布后，工作组组织召开数千人的视频大会，并以一封家书的形式向所有员工第一时间传递实际信息，明确指出破产只是要轻装上阵，海南航空还在。借此打消社会各界对海南航空破产以后人财物都消亡的猜测，并向社会明确传达海南航空的航空主业还会正常生产运行，职工的合法权益不会受到任何影响，海南航空品牌依然会存在，海南航空安全唯上、注重服务、热心公益、想旅客所想的品牌内涵不会有一丝改变。

7.7　尾声：品牌恢复路在何方

随着企业正式申请破产重整，海南航空在经历了近三年的风波之后，似乎终于慢慢找到解局之法，走上回归正轨的道路。除了破产重整工作有序推进，海南航空的航务运转也随着国内疫情的缓解逐步恢复正常，复航率已近 80%并还在持续攀升，生产运转正常，员工情绪稳定，资金支付未现异常。风雨之后，海南航空更加注重对内部运营的规范化管理，也更加注重关爱员工的身心健康，注重恢复员工对企业的信心。

海南航空的品牌部门逐渐恢复了正常的运营和管理，开始在新的历史阶段承担起守护和建设海南航空品牌的工作。品牌部门深知企业的品牌再也经不起一次次的误解与攻击，他们尽最大可能修复与大众媒体的合作关系，为未来快速开展必要的危机公关、控制负面信息可能对企业造成的伤害做好准备。

而对于广大消费者，品牌部门加强了在线信息渠道的建设，在官网设立了社会责任、品牌故事等版块，并借助微博等社交平台与消费者进行沟通互动，更好地向消费者传递了品牌价值。品牌部门还组织了一系列的公益性营销活动，以期重塑企业的品牌形象，如积极承运涉疫航班包机，帮助有出行需求的国内外同胞旅客；向海南等地的偏远地区儿童持续捐书送爱心等。从而吸引利益相关者的注意，冲淡消费者对品牌危机本身的记忆。

海南航空也试图重新争取股东与投资者的信任。海南航空完善了公司治理和信息披露机制等相关规章制度，增加股东大会召开次数，从而提升运营的透明度，确保与股东之间的顺畅沟通。不仅如此，海南航空还全面完善了与投资者之间的沟通渠道，如通过上证e互动定期就主要提问解答互动，长期有效接听投资者热线电话，邀请并接待中小投资者现场调研等，以确保对投资者关心的问题进行详细解答。

即使采取了以上种种努力，这场惨烈的危机对海南航空这一品牌的伤害还远远没有愈合。对许多消费者而言，海南航空再不是过去高品质航空服务的代名词，反而蕴含了太多企业经营过程中的失败与不堪。如何才能重新恢复甚至进一步提升海南航空的品牌形象？这注定是一条艰苦的道路，还有很多未解的难题，需要更多的探索与付出。

无论结果如何，海南航空确实坚定地渴望恢复品牌的荣光，也正在为之不懈努力。这一点从其明确要求参与破产重组的全球投资人都必须确保"海南航空"品牌得以保留可见一斑。历经风雨，度尽劫波，相信终有一日，海南航空会拨开云雾见晴天。

启发思考题

1. 海南航空为什么要进行品牌建设？

2. 海南航空选取了怎样的品牌定位？

3. 海南航空如何进行品牌建设？

4. 出现债务危机时，海南航空如何进行品牌危机管理？

5. 海南航空品牌危机管理的效果如何？存在哪些问题？

案例分析

1. 分析思路概述

品牌建设是企业营销活动的重要组成部分,也是"营销管理"或"品牌管理"课程的核心内容。本案例以海航在发展历程中不同阶段所进行的品牌管理相关活动为主要内容,通过对该公司的品牌定位、品牌建设和品牌危机管理活动进行深入分析和探讨,试图使读者理解和掌握以下三方面内容:

(1)理解品牌建设对于企业的重要价值;

(2)掌握企业确定自身品牌定位的决策方法,以及基于品牌定位持续进行品牌建设可选择的品牌策略及其效果;

(3)探讨企业在遭遇品牌危机时应如何有效应对。

2. 案例分析关键要点

1)关键点

首先结合海航的内外部情况分析其持续进行品牌建设的主要原因。然后结合 STP 和品牌定位策略相关理论,分析海航如何确定自身的品牌定位。进而结合品牌建设、整合营销传播等理论分析海航的品牌建设经历了怎样的过程,在不同阶段分别采取了怎样的品牌策略,取得了怎样的效果。而随着海航出现资金链断裂的危险,海航品牌也陷入重大危机。结合危机管理相关理论,可进一步分析海航在危机管理中采用了怎样的管理策略,取得了怎样的效果,又面临怎样的问题,从而探讨企业在品牌危机管理中应如何应对。

2)关键知识点

STP 理论、品牌定位策略、品牌建设、危机管理。

3)能力点

分析与综合能力、批判性思维能力和解决实际问题的能力。

3. 相关理论知识点

1)PEST 分析

PEST 分析是一种常用的企业分析工具,帮助企业梳理其外部宏观环境中的关键因素,包括政治、经济、社会、技术四个方面。其中,政治因素主要包括社会制度、法律法规、方针政策等有关国家层面的行政因素,经济因素主要包括人口基数、国民收入、居民可支配收入、消费模式、就业情况等能够反映经济发展水平的宏微观经济因素，社会因素主要包括文化水平、风俗习惯、宗教信仰、价值观念、生活方式等与当地人民生活有关的因素，技术因素主要包括新发明、新技术、新工艺、新材料等与企业所处行业相关的技术进步。

2）SWOT 分析

SWOT 分析是一种企业常用分析工具。通过分别识别企业面临的内外部因素，包括优势（strength）、劣势（weakness）、机会（opportunity）和威胁（threat），企业可以形成 SO、ST、WO、WT 四种类型的战略选择，进而帮助企业确定其发展战略。

3）STP 理论

STP 理论指市场的细致分类（segmentation）、明确基于自身产品的目标用户群体（targeting）、市场和品牌定位（positioning）（见图 7-1）。该理论指出，企业要先做好市场细致分类，明确自身产品的目标用户群体，进而才能做好市场和品牌定位。

（1）市场细分。 指企业基于自我的现实条件以及营销目的，根据各类标准把消费者区分为多个子市场的一种分类办法。

（2）确定目标市场。 对市场做细分后，要全面评估各类子市场，进一步确定自身企业的目标市场并进入其中，进入的方式分为集中、选择性、无差异和差异四种。

（3）选择市场定位。 选择市场定位主要基于三个方面，一是考虑市场和产品差异性的收益，是否具有深入经营的条件；二是看差异性收益的多少；三是对差异性收益进行具体化明确。

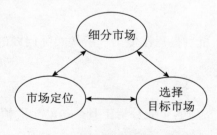

图 7-1　STP 理论示意图

4）品牌定位策略

关于品牌定位策略，一般来说主要包括三个方面。

（1）**产品定位策略**。是从消费者的角度，以产品属性为依据，由企业做出的决策或规划，目标是确定产品在市场的地位。企业一般在选择目标市场时，都会根据产品策略做出安排。

（2）**市场定位策略**。是从市场因素出发，由企业做出的确定产品地位的预期和计划。这类策略可以按照使用者、使用场合、使用时间不同分为三类，目的都是要强化目标消费者。

（3）**竞争定位策略**。竞争定位是以竞争者为基准点，由企业根据竞争需要对产品地位做出的规划。这种定位策略旨在最大化企业自身产品与同行竞品之间的差异性，从而进一步选择和明确最有利于企业发展的方向，实现收益的最大化。

5）品牌建设的步骤

品牌建设是一个持续的过程，主要可以分为品牌规划、品牌全面建设、形成品牌影响力三个阶段。

（1）**品牌规划阶段**。品牌规划是品牌建设的基础和核心，是品牌建设的第一步。制订品牌规划要立足产品特点，明确目标，突出特色优势，并确定具体措施。

（2）**品牌全面建设阶段**。明确规划后，企业需要进入实施阶段，完成品牌宣传等一系列工作。这个阶段的关键是确定品牌价值观。最重要的企业品牌价值观是在为消费者创造价值的同时为股东带来利润。

（3）**形成品牌影响力的阶段**。初步建立品牌后，企业也需要不断进行品牌的管理工作。随着市场的不断变化和企业在市场中的不断发展，企业必须对品牌进行持续的维护和提升，才能最终形成和保持品牌影响力。

6）整合营销传播

整合营销传播将企业和市场营销所有传播活动进行一体化设计，在整合公关、管理、媒体和广告等活动的同时，将相关资讯信息统一化后，再打包发送给消费者。在这一过程中，企业及其所属部门同步配合开展工作。将顾客的需求与企业的统一化策略深度结合，有针对性、系统性地采用不同传播工具和模式开展全方位、立体式的营销活动，从而实现营销管理的高效整合与宣传成本的有效控制，形成强有力的促销形势，为企业创造最大的利益。主要手段有广告、促销、事件营销、公关等。

7）品牌延伸

品牌延伸指企业能够在已有的成功品牌的基础上，不断扩大自身的影响力和辐射面，并把这些投射和延展到企业新的产品中。品牌延伸是企业节省成本、占有市场的有效途径。

品牌延伸有两种：垂直品牌延伸和水平品牌延伸。前者是指同一产品种类中相似度较高的产品进行延伸，但新的延伸产品在价格与品质上与原有的品牌产品存在一定程度的差异。后者指的是指企业将现有的品牌名称扩大应用到崭新的产品类别，该类别可以和原有产品相关，也可以是非相关的，帮助企业丰富自身的产品领域。此外，垂直品牌延伸可分为向上延伸和扎根延伸两种，水平品牌延伸可分为相关延伸和非相关延伸两种。

8）危机管理

当企业面临品牌危机时，需采取有效措施进行应对，才能避免品牌危机带来的损害不断扩大。常用的危机管理相关理论框架包括危机管理的五阶段模型与危机管理的 4R 模式。

危机管理五阶段模型由米特罗夫和皮尔逊提出。该模型将危机管理活动分为五个阶段，包括信号侦测阶段（发现危机发生的征兆，捕捉预警信号）、准备和预防阶段（提前为危机的发生做好各方面的准备工作，通过分析评估尝试将潜在的负面影响降到最小）、损失控制阶段（当危机真正发生时，努力采取各种措施，尽可能地将危机带来的损失降到最小）、恢复阶段（尽早从危机损害中恢复，实现企业工作的有效运营）、学习阶段（从危机处理过程中获取经验和教训，并以此对企业和产品进行改进，提升经营管控水平，从而避免类似情况再次发生）。

危机管理的 4R 模式由美国学者罗伯特·希斯（Robert Heath）提出，包括缩减（reduction）、预备（readiness）、反应（response）和恢复（recovery）四个阶段（见图 7-2）。相应地，组织需要分别具备不同能力（即缩减力、预备力、反应力和恢复力），才能有效完成危机管理的全过程。

（1）危机的缩减力指是否能够有效降低发生风险的概率、范围与影响力，从而尽可能避免不必要的时间与资源浪费。这是 4R 模式中最重要的一点。

（2）预备力是指做好对危机进行预警和监控的能力。组织既需要对组织中存在的潜在危机进行有效的评估，预判可能出现的危机，并警示相关者做出快速和必要的反应，也需要对其所在的环境进行全面监控，及时发现现实中出现的不良变化并做出及时应对。

（3）反应力强调在危机已经来临时，组织是否能够做出有效反应，从而有针对性地化解危机。反应力的高低体现了是否能将危机用尽量短的时间控制在最可能小的范围内，同时获取最全面、最深入的危机信息，分析出危机可能带来的影响和危害。

（4）恢复力体现了危机发生后，企业对于危机损害程度和范围的有效控制，从实现经营运行的快速恢复和品牌形象的修复与提升。此外，恢复力也体现在发生问题后对危机事件的有效总结。

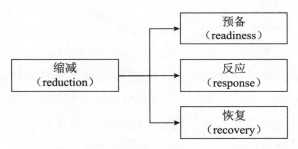

图 7-2　危机管理的 4R 模式示意图

4. 案例思考及分析

1）海南航空为什么要进行品牌建设？

结合案例中提供的素材以及其他公开资料，可对海南航空成立时的宏观环境和企业内外部环境进行 PEST 和 SWOT 分析，从而分析海航进行品牌建设的主要原因。参考分析思路如下。

（1）PEST 分析

结合案例故事，可从政治、经济、社会、技术四个方面分析海南航空所处的外部环境。**政治因素方面**，国家对民航业和海南省的支持助推航空公司的成立和发展，打造海南的"省级"口碑和与内陆的便利交通。**经济因素方面**，中国市场的经济发展与"一带一路"倡议等对民航业产生了巨大影响。其中"一带一路"倡议为国内航司开通国际航线创造了便利条件，加速推动了国内航空业走向国际。**社会因素方面**，随着我国经济的发展，人民的消费观念逐步转变，消费能力大幅提升，消费需求也调整升级，国际航线的开航需求更加多样化，这为中国民航业的蓬勃发展提供了广阔的市场。**技术因素方面，**先进技术和工具的出现，改进了产品和服务：电子客票的出现、大数据的运用、节油技术的突破以及安全分析系统的使用，为航空业的发展提供了新的动力。

可见，对海南航空而言，既有国家层面对民航业的大力支持，又有经济蓬勃发展和人民大众消费观改变的原因，利用现代化的技术，海南航空具有进入市场的良好条件。但同时，航空业的蓬勃发展促使市场竞争加剧，海南航空亟须形成自己的品牌特色，以在生存压力下发展壮大。而品牌建设可以使海南航空形成独特且有吸引力的品牌特色，并围绕品牌特色展开其他运营活动，帮助企业更好地发展。

（2）SWOT 分析

结合案例，从优势、劣势、机会和威胁四个维度，分析海南航空进行品牌建设的必要性。基于此，可以发现海南航空实现发展的理想方式是采用**"优势－机会"战略，**最大化地利用自身的服务优势，把握发展机遇，实现经营绩效的增长。而通过开展品牌建设，海南航空可以更好地宣传其"优质服务"特色，并将其作为关键卖点吸引客户，促进企业快速发展，抵抗未来风险。参考分析思路如图 7-3 所示。

图 7-3　海南航空的 SWOT 分析

（2）海南航空选取了怎样的品牌定位？

海航面临资源不足、产品同质化以及自身客观条件限制的发展困境。结合 STP 和品牌定位策略相关理论，分析海南航空的品牌定位过程。参考分析思路如下。

① **市场细分**。即结合市场同类产品的差异性，按照适当的标准对海航的目标消费人群进行一定类型的细粒度划分。

② **目标市场**。海南航空聚焦对服务有较高需求的高消费群体，通过提供差异化的服务产品获取市场份额。

③ **品牌定位**。海南航空选择**竞争定位策略**，以其主要竞争者——三大航空公司为基准，明确了以服务为核心的品牌定位，以此展现海南航空与三大航空公司的定位差异，并提出"空地无缝隙衔接服务"的概念，形成了鲜明的品牌特色，参考分析思路如表 7-1 所示。

表 7-1　海南航空与三大航空公司的定位差异

航空公司名称	品牌定位	品牌目标
中国国际航空	专业信赖、国际品质和中国风范	·成为具有国际竞争力的大型枢纽网络型航空承运人，引领行业发展； ·与全球先进航空公司同台竞技，跻身世界一流，在国际市场广受欢迎； ·展示中华文明深厚底蕴，展现美丽中国时代风采，尽显独特魅力，备受推崇与追随
中国南方航空	中国最好，亚洲一流	·力争向国际先进航空公司看齐； ·成为"中国最好、亚洲一流、全球知名"的优质品牌
中国东方航空	打造世界一流、建设幸福东航	·不断创造精彩的旅行体验； ·实现"打造世界一流、建设幸福东航"的战略目标
海南航空	空地无缝隙衔接服务	·打造"空地无缝隙衔接服务"，形成独特服务品牌，争取高服务需求的乘客； ·为旅客提供差异化服务，提升品牌影响力

（3）海南航空如何进行品牌建设？

利用品牌建设、整合营销传播、品牌延伸相关理论，分析海南航空的品牌建设，其过程主要分为以下三个阶段。

① 品牌规划阶段。明确以服务为核心的独特品牌定位，初步树立品牌形象；

② 品牌全面建设阶段。围绕"空地无缝隙衔接服务"的定位，借助整合营销传播策略，增强品牌知名度，形成一定品牌优势。

③ 品牌形成影响力阶段。采用多元化战略，通过垂直和水平品牌延伸策略，促进多元产业发展，使海南航空成为国际化品牌，品牌影响力进一步提高。

综上所述，海南航空在品牌建设方面取得了一定成绩，逐渐成为国内和国际市场上的知名品牌，参考分析思路如图7-4所示。

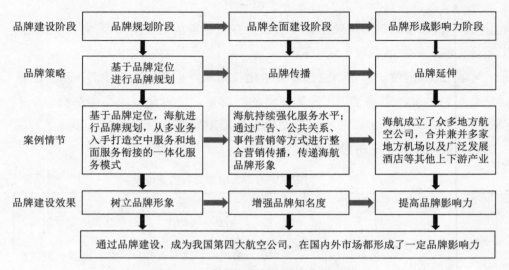

图7-4 海南航空品牌建设过程分析

（4）出现债务危机时，海南航空如何进行品牌危机管理？

海南航空在资金链断裂后陷入品牌危机。结合危机管理五阶段模型相关理论，分析海南航空的品牌危机管理步骤，主要可从信号侦测阶段、准备和预防阶段、损失控制阶段、恢复阶段展开分析。参考思路如图7-5所示。

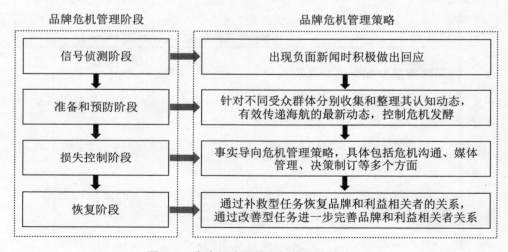

图7-5 海南航空品牌危机管理阶段分析

（5）海南航空品牌危机管理的效果如何？存在哪些问题？

结合危机管理五阶段模型和危机管理的 4R 模式相关理论，分析海南航空的品牌危机管理效果及其中存在的问题，主要可从危机缩减、危机预备、危机反应、危机恢复四个方面展开。参考分析思路如图 7-6 所示。

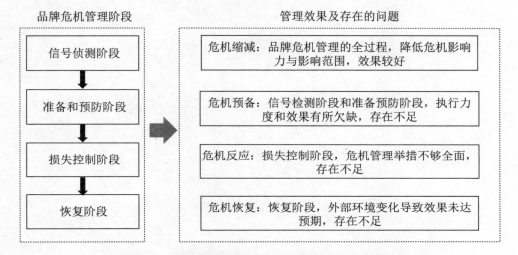

图 7-6　海南航空品牌危机管理效果及存在的问题

5. 推荐阅读

[1] 菲利普·科特勒. 营销管理 [M]. 15 版. 上海：上海人民出版社，2016.

[2] 朱华锋. 营销策划理论与实践 [M]. 合肥：中国科学技术大学出版社，2008.

[3] 余伟萍. 品牌管理 [M]. 北京：北京交通大学出版社，2007.

[4] 大卫·奥格威，夏兰泽，庄淑芬，等. 奥美观点精选品牌卷 [M]. 北京：中国市场出版社，2009.

[5] 余明阳，戴世富. 品牌文化 [M]. 武汉：武汉大学出版社，2008.

[6] 孙文清. 品牌危机管理 [M]. 北京：经济管理出版社，2017.

[7] 余明阳，刘春章. 品牌危机管理 [M]. 武汉：武汉大学出版社，2008.

[8] Yong J. Wang, Noel Capon, Valerie Lynette Wang, et al. Building Industrial Brand Equity on Resource Advantage[J]. Industrial Marketing Management, 2018, 9(3): 72.

第 8 章 砚"育"新生：
FT 古砚品牌活化之路

摘　要：品牌活化是品牌管理的一项重要内容。在互联网时代，市场环境与技术环境的巨大变迁，使许多传统品牌的价值和市场认同度日益下降，品牌弱化和老化现象日益凸显，因此，保持并提升传承的品牌价值成为亟待解决的话题。FT 古砚是一家典型的传统品牌企业。但在制砚行业市场不断萎缩、传统工艺濒临失传的困境中，企业发展举步维艰。FT 古砚的品牌老化现象具体体现在哪些方面？为什么会出现品牌老化现象？企业采用了哪些措施来活化品牌？以 FT 古砚为代表的传统品牌在发展中常遇到哪些问题？又该如何解决？品牌活化是否能为企业创造可持续竞争优势？本案例通过对 FT 古砚品牌活化探索过程的分析与思考，为中国传统品牌的传承与创新提供了重要的借鉴意义与启示。

关键词：品牌资产；品牌老化；品牌活化；制砚行业

8.1　引言——梅花香自苦寒来

FT 古砚是一家专注于中国传统砚产品开发、制作和销售的家族企业，其前身是 CS 古砚，由崔凤桐创办于 20 世纪 80 年代。CS 古砚凭借卓越精湛的制砚技艺和高尚的工匠精神，以制砚世家的形象，以带给顾客纯真质朴的文化享受为目标，在我国北方书画文房圈子里非常有名，并逐渐成长为中高端客户交流和分享砚文化的平台。

盛极而衰的转折点发生在 2010 年。由于淡薄的品牌意识，沿用了 30 年的 CS 古砚品牌被崔凤桐的远房亲戚抢注为商标，CS 古砚后变更为 FT 古砚。同时，移动互联网在全国范围内迅速普及，而 FT 古砚并没有能力赶上时代的潮流，反而深陷后继乏力的泥沼和移动互联网带给传统行业的强烈冲击中。

2016 年五一假期刚刚过去，FT 古砚副总经理崔泽达接待了公司以前的老客户宋先生及其带来的两位新客户。在公司茶室里，崔泽达端起茶壶给宋先生和其他两位客人斟茶，疑惑地看着宋先生，"宋先生，这两位客人是？"

"这两位是我的好朋友赵总和闫总。赵总是做现代创意家居用品的，闫总是开高端茶室的。这两年我每次来你们这里都没有看到满意的产品，最近我从你们的微信公众号发现你们开始转变经营思路了。我把你们的微信公众号推送给赵总和闫总后，他们很感兴趣，所以今天我带他们过来看看你们公司是否有合适的产品可以继续合作。我想购买你们的新作品《呼吸》，算是我们'重归于好'后的见证吧。"

"那真是太感激您了！宋先生，像您这样的行业资深专家，能够重新购买我们的产品，还带来了新朋友，无疑是对我们最大的肯定，也让我们 FT 古砚看到了复兴的曙光。"宋先生的寥寥数语和重新购买行为，让为 FT 古砚不断谋求新出路的崔泽达倍感振奋……

8.2　往昔——笔墨鼎盛云烟间

FT 古砚的前身是 CS 古砚，创立于 20 世纪 80 年代。在那个信息闭塞的年代，CS 古砚是我国北方砚文化现代发展的领头羊，以专业、传统、文化底蕴深厚的制砚世家形象，矗立于书画文房圈。众多业界名流、媒体期刊也对 CS 古砚给予了坚定的认可和支持。CS 古砚与业界一直保持着良好的关系和互动，品牌作品被专业书籍收录，顾客竞相收藏。CS 古砚也是顾客了解和认识砚文化的窗口，在与顾客的良好互动中，逐渐实现了自身品牌价值的升华。

随着人们生活水平的提高，精神文化需求与日俱增，凭借着深厚的制砚基础，CS 古砚迎来了最好的发展时期。此外，随着 CS 古砚总经理崔国强（崔泽达之父）国际交流活动的增加，CS 古砚在国外的艺术圈里也具备了一定知名度。

曾经因 CS 古砚而结缘的宋先生夫妇是该公司多年来的忠实客户，宋先生清晰记得在 CS 古砚组织的砚文化交流活动中初遇自己妻子时的情境，彼时他们之间的第一次对话便是宋夫人对 CS 古砚的称赞：

"CS 古砚的作品石质细腻，柔坚适中，研出来的墨液灵润活泼，黑、亮、透、清，润笔、励毫！你看墙上挂的那副字——'刚健笃实，辉光日新'，是我第一次用他们的砚台写的。五年过去了，现在看起来依旧是一点如漆，墨韵如新，墨汁可达不到这种效果。之前我还在他们的砚石品质检测室亲手做了一方小砚台，可以评估下墨的速度、发墨的好坏，特别有趣。"

然而，由于当时公司品牌意识薄弱，2010 年，CS 古砚的品牌被竞争对手抢注，公司被迫改名为 FT 古砚。自此，公司产品销量骤减，连像宋先生夫妇这样的忠实客户也逐渐流失殆尽，FT 古砚开始颓败……

8.3 思变——刨根问底寻本质

8.3.1 颓败之象触心弦

2014 年 8 月，大学毕业的崔泽达回到 FT 古砚帮助其父崔国强打理公司。刚回到公司的崔泽达发现，公司偌大的店面里竟没有一个顾客，外面的蝉鸣让人昏昏欲睡，服务人员个个面无生气，尽是一副懒洋洋的模样，展柜上散落的层层灰尘，让整个展厅显得死气沉沉。一直在外求学的崔泽达不曾学习过制砚技术，与公司接触的机会也不多，更是从未参与过公司管理，但他无论如何也没想到 FT 古砚已经凋落到如此地步。这番衰颓景象让崔泽达震惊不已，不禁暗中思索这些年来 FT 古砚到底发生了什么。

崔泽达向父亲询问公司衰败的缘由，原来 2010 年公司一直使用的品牌 CS 古砚被竞争对手抢注为商标后，一下子失去了将近 50% 的客户。而这两年移动互联网的迅猛普及，严重冲击了传统的线下店面直销模式。虽然 FT 古砚也开通了网店，但是并不擅长网店运营与日常维护。同时，由于公司员工文化素养整体偏低，FT古砚遗失了"与古为新、精益求精"的匠心，不得不放弃纯手工制砚，关闭了日渐败落的砚石品质检测实验室，引入机器雕刻，在"广比瞽，极镂绘之工"的匠气中踌躇，在粗放式竞争的行业中，为节约成本而慢慢渗透大量同质化产品。种种原因导致其产品与顾客之间的距离越来越远，使之前被抢夺商标后仅剩的50%客户也几乎流失殆尽。幸好，在这期间，公司也积累了不少的批发商和低端个人客户。

崔泽达也从公司老客户宋先生那里发现了一些问题所在。2014年9月，崔国强带着崔泽达在公司展厅接待了老客户宋先生，而在展厅转了一圈后，宋先生的脸色不太好看，忍不住说道："你们的产品比两年前做的还要差一些，跟外面其他店面的产品没有什么区别了，这让我觉得很失望。"

"宋先生您也知道，现在客户只认价格，不认品牌。按目前的市场行情，高端产品销售并不乐观。我们也不知道该怎么宣传我们的品牌了，所以干脆停下来。"崔国强有些无奈。

"不，你错了。高端产品销售不乐观也跟你们的产品缺乏内涵有很大关系，并非所有客户都只认价格，不认品牌。但是看到你们的品牌，甚至一想到易砚①，只能让他们想到粗制滥造、低端价廉，就像一个迂腐的老者。CS古砚的没落，我很惋惜，因为我一直对它有着特殊的情结。现在的FT古砚空有一副好皮囊，腹中尽是草莽，可惜了。好了，你们不用再拿新作品给我看了，结果已经很明显。"宋先生摇了摇头，茶都没喝一口，便叹气离开了。

8.3.2 调研走访寻出路

面对公司的颓败景象，崔泽达决定从深入了解公司现状入手。他先统计了FT古砚的产品情况，发现低端产品约占71%（见表8-1）。又向父亲了解公司客户情况，得知目前批发商和以个人客户为主的低端客户是公司客户群的主力。

---

① 易砚又称易水古砚，是中国名砚之一，历史上素有"南端北易"之称。产于河北易州（今易县），故名。相传始于战国，盛于唐代，为中国制砚之鼻祖。千百年来，易砚以其悠久的历史、天赋的优等石料和独特的艺术风格名扬天下，在中国博深精美的砚文化艺术历史上占有重要地位。

表 8-1　2014 年 FT 古砚产品组成　　　　　　　单位：个

产品档次	产品类型					
	砚台产品	茶盘产品	鱼缸产品	摆件产品	其他	总数
高端产品 （售价 >5000 元）	67	101	—	—	—	168
中端产品 （2000< 售价 ≤5000 元）	384	533	12	18	—	947
低端产品 （售价 ≤2000 元）	1032	1228	47	23	426	2756
总数	1483	1862	59	41	426	3871

随后，崔泽达走访了当地易砚地区近 30 家不同规模的同业店面，发现其产品、销售和管理情况与 FT 古砚几乎相差无几。几乎所有店面都有高中低档产品，且低端产品占绝对优势，批发为主，零售为辅。除了当地的龙头企业河北 YSY 公司有意识地注重品牌管理外，其他竞争者大多只关注市场和销售，从管理者到店面服务人员，整体文化素养偏低，与 FT 古砚极其类似。崔泽达还特意去现在的 CS 古砚考察了下，果真如宋先生所言。

"易砚不属于中国传统四大名砚（端砚、歙砚、澄泥砚、洮河砚），也许考察下各大名砚现在的发展情况，可以带来一些新思路。"想到这里，崔泽达急忙跑回父亲的办公室，"爸，虽然从小我对易砚耳濡目染，已经比较了解，但我还想再去考察一下端砚和歙砚的行情，看看有没有值得学习借鉴的地方。"

崔国强对儿子的努力感到十分欣慰，"家族基业不该没落至此，希望我们父子俩能同心协力，重振家业，再现公司的辉煌。我认识几个圈子里有名的端砚和歙砚大师，我会安排你当面向这些前辈们请教。"

2014 年 11 月，崔泽达带着困惑与期冀，踏上了南下的火车，开始为期两个月的考察之旅。他走访了大大小小近百个店面和工厂，调研了行业内一些"历久弥新"的品牌，发现这些品牌在时代湍涌变化中都始终保有其独特性。他也见到了一些仍坚持纯手工制砚的老前辈，他们每年作品不多，最少的只有八方砚台，但每方都是品质和艺术的完美融合，最终都被高价收藏，这种几十年如一日的坚守深深地触动了崔泽达。他还参观了一些现代创意设计的品牌，印象最深刻的是 GY 艺术。GY 艺术推崇个性化、小批量的生产，透过高情感、高文化属性的产品分享对现代设计的思考，更重要的是他们深入挖掘中国传统文化，致力将其融入现代生活场景，让崔泽达深受启发。

在崔泽达考察之旅结束后，崔国强为了让其尽快熟悉公司，安排他在公司和店面内进行为期两个月的轮岗工作。他不会制砚，但可以给师傅打下手，近距离观察创作过程。他也进入店面，了解销售人员的工作状态和服务意识，聆听最真实的顾客心声。这些经历都让崔泽达对公司困境有了更充分具体的了解。

8.4 革新——革故鼎新求突围

8.4.1 传承改革齐并进

2015年4月，和风徐徐，春意弥漫，似乎预示着 FT 古砚将迎来新的开始。在崔泽达第一次参加的公司全体员工例会上，崔国强正式宣布任命崔泽达为公司副总经理，主要负责公司的战略和品牌管理。

崔泽达说道："我想先问大家一个问题。你们如何看待公司和易砚市场的现状？"

大家面面相觑，没明白这葫芦里卖的是什么药。

"那我代表生产部来讲一下吧。"生产部总监老马首先打破僵局，作为工龄将近 25 年的老员工，他经历了公司最辉煌的时期，"大家都清楚，公司现在业绩不好。记得我当初中专美术专业毕业，作为学徒来公司时，崔凤桐（崔泽达祖父）教导我们，制砚最重要的一步就是观照石品，要用心在砚石上勾勒作画，这也是'崔氏风格'的由来。但现在，我们似乎只看到了机械的描摹，毫无匠心造境，只余匠气之俗。况且当下易砚市场一片乌烟瘴气，抄袭肆虐，产品同质化严重，我们也很难扭转粗制滥造的易砚形象。"老马的话直言不讳。

"谢谢马总监的诚恳和一针见血。所以，我们未来的产品设计就是要舍弃早就与这个社会脱节的题材，适应当下客户的审美需求。"崔泽达回应道。

"王总监，你们客服部门在展厅直接面对顾客，您又是公司老员工，您来讲讲顾客的心声吧。"崔泽达转向王姐。

"其实我跟老马的想法是一致的，但是感触可能更深。目前客户主要分为两类：一类是中高端客户，这类客户对品牌和产品品质都有很高的要求，且具有较高的消费能力，但是由于我们的产品同质化严重，缺少创新和内涵，目前很多高端客户对我们的品牌和产品不甚满意。另一类是追求物美价廉的批发商和低端个人客户，价格是他们首要考虑的，品牌因素反而被弱化。他们的特点是货比三家，虽然能给我们带来近 80% 的销售额，利润率却只有第一类客户的 1/5。另外，CS 古硯本是我们的金字招牌，商标被抢注后顾客量明显骤减。我们整体士气低落，也不知道该如何做好对外的窗口。"王姐话语里透着失落。

"马总监和王总监说的都很对。接下来我会进行一系列的组织调整，大家不用担心，我不会开除任何人。既然大家对公司面临的问题都心知肚明，那就让我们来找出应对措施。通过恢复 CS 古硯时期的优良传统，让遗失客户和新客户发现谁才是真正值得信赖的 CS 古硯。"崔泽达胸有成竹地说道。

于是，崔泽达以雷霆手段宣布并实施了一系列变革：

（1）调整公司组织结构。一方面，将公司现有的产品设计职责逐渐从生产部门剥离，向产品设计部过渡，弥补目前生产部门设计能力匮乏带来的不足。产品设计部由新引进的专业美院高材生小邵负责，从设计理念、设计元素等角度对现有产品进行颠覆式地创新。另一方面，成立市场营销部并引进新员工小杨担任总监，将原市场营销职能从客户服务部剥离，客服服务部的部分员工转入市场营销部。

（2）恢复鼎盛时期的优良传统。一方面，生产部门取消机雕，所有员工恢复纯手工制硯，狠抓制硯的每一道工序。同时，保留设计草图和制作过程的记录照片，作为后期宣传的材料。产品设计部的设计需要符合"崔氏风格"的要求，生产部门要保证成品与设计理念间低偏差。另一方面，重新开启硯石品质检测实验室，确保使用质量上乘的硯石进行制硯，并进一步扩充实验室样本量，从多方面进行详细评测，深入挖掘易硯优势。硯石品质检测实验室也向客户开放，作为客户了解 FT 古硯的制硯文化、体验专业工艺的窗口。

（3）开展"寻找失落的诺亚方舟"行动。崔泽达认为 CS 古硯被抢注是公司陷入困境的导火索，品牌本姓"易主"和"崔氏风格"的遗失，对不明真相的顾客造成了信息误导，而互联网的普及和产品高度同质化更加剧了这种信息误导。因此，崔泽达决定启动为期一年以上的"寻找失落的诺亚方舟"行动，通过上演一场"真假美猴王"，寻找 CS 古砚遗失的 DNA，重温 CS古砚三十年来所塑造的文化，唤起顾客沉睡的记忆，重新赢得他们的信赖。

8.4.2 再接再厉重唤醒

2015 年 5 月，在"寻找失落的诺亚方舟"行动开展一个月后，FT 古砚店铺里的顾客明显比平日多了不少。但崔泽达觉得这还远远不够。他认为，FT古砚抽象的精神文化传承不应限于静态的标榜，而是要在尊重和发扬的基础上，充分调动顾客的视觉、触觉，让顾客充分融入，感同身受。

崔泽达计划五一假期约小邵一起到北京看雕塑展，在出发前与小邵不经意的聊天中，竟找到了灵感。"像国家博物馆、中国国际展览中心、北京展览馆等，经常会有这样的雕塑展、文房用品展、文博会等活动，我们以后都应该多参加，开阔眼界。"小邵一本正经地说道。

"是呀，我一直都有这个想法。等等，你刚才说什么？博物馆？"崔泽达突然激动了起来。

"国家博物馆。怎么了？"小邵一脸茫然。

"我知道该怎么做了！我们可以成立一个'砚文化历史博物馆'作为'寻找失落的诺亚方舟'行动的核心。我们有那么多资料，记载着辉煌历史和背后的渊源故事，每一个故事都是 CS 古砚文化大厦中的一砖一瓦。现在我们散落地把它们挂在墙上，沉默无言，任凭风吹日晒，实在是可惜。"

"那你想怎么做？"小邵更茫然了。

"我想在店里开辟一个独立空间，一是集中展示我们的历史资料，二是展示祖父遗留下来的亲笔手作，三是将全套的传统制砚工序完整地搬进来。我们要详细地解说每份资料、每方砚背后的故事和制砚的每道工序，让每位参观者都能领略到 FT 古砚几十年如一日的坚持和制砚世家的风采，我们还要与顾客一起赏砚、评砚。这个空间就是与顾客分享砚文化的交流平台，就叫'砚文化历史博物馆'吧。"崔泽达像发现了新大陆似的，兴奋不已。

在父亲的支持和小邵的帮助下，两个月后"砚文化历史博物馆"正式建成，

CS 古砚的故事得以在此延续。崔泽达跟父亲商量后，决定在 8 月 8 日邀请一批 CS 古砚时期积累的重要客户来博物馆参观，举办主题为"砚育新生"的砚道精神和书法绘画的分享交流活动。崔国强通过微信邀请了 29 位朋友，当天总共到场 19 位老朋友，大大超出了父子二人的预期。这次活动举办得很成功，大家笔酣墨饱、鸾翔凤翥、追忆过去、品悟现在。宋先生临走前语重心长地说："古墨轻磨满几香。谢谢你们举办这次意义非凡的活动，一同追忆曾经的温暖和感动。希望你们以后多举办这样的活动，对 FT 古砚的复兴会大有裨益。砚之为用，点黛文字，曜明典章，但像我们这样还坚持自己研墨的人越来越少，所以给你们提出建议——一是器以致用，格物抒怀，你们要在坚持品质的基础上，以产品设计作为突破口，丰富砚的文化底蕴，提升砚的艺术性价值；二是可以多关注茶道、香道等领域，尝试研发些其他与砚文化高契合度的新产品。"

"宋先生，听您一席话，胜读十年书呀！"崔泽达难抑心中的喜悦，没想到自己一步步酝酿的计划，宋先生先替自己说了出来。

"加油小伙子，祝你成功。"宋先生会意地点点头便离开了，走时却仍没有多看店里的产品一眼。

8.4.3 舍鱼而取熊掌者

"砚育新生"活动后第二天，崔泽达很早就来到了店面，想跟小杨商量下"砚育新生"活动的素材整理问题。但刚走到店门口，便听到了一阵刺耳的埋怨声：

"你们家的作品价格可真高！虽然刚才你解释了它如何高大上，可对我来说没用啊，我只想找个物美价廉的砚台。你看这方'二龙戏珠'砚，你家卖 2000 元，可对面那家店标价才 1200 元，你当顾客都是傻子吗？再华丽的外装也不能让'矮穷矬'变成'高富帅'。"

原来是王姐在接待一位客户。"二龙戏珠"砚是崔凤桐生前创作的经典砚台，由于被严重抄袭，目前市场上充斥着大量用机器雕刻的仿制品，使之成为随处可见的低端款型砚。业余爱好者很难发现手工与机雕产品的区别。崔泽达看出王姐一脸尴尬，便走过去打个圆场。

"这位顾客您好，我们这款'二龙戏珠'砚的确是纯手工雕刻，您仔细观察龙的整体神态和龙头的细节处理，比外面那些货更加自然。既然您喜欢这方砚，1200元，这方砚可以与您结缘。王姐，一会儿招待好这位朋友后，您叫上小杨来我办公室一趟。"崔泽达礼貌地说完便离开了。

"达总，刚才真不好意思，客户有些激动。虽然类似的情景我们几乎每天都遇到，但自从您回来后，我越来越认为这种情景不应该出现在咱们FT古砚了。首先，我们今年取消了机雕，并恢复了砚石检测的工序，导致产品成本增加，这对于大部分中低端客户来说，难以接受。其次，咱们新的设计理念和元素，低端客户可能无法完全理解和认可。最后，目前我们店里还有很多以前的机雕产品，似乎与目前的新作品有些格格不入。客户也很困扰，不知道我们到底聚焦在哪里。中低端客户直接忽视高端产品，高端客户却无法忽视店里充斥着的低端产品，对他们来说，我们就像是一个杂货铺。"见崔泽达眉头紧锁，王姐便一股脑将自己的想法全部倾诉。

"您说的很有道理。这个问题确实是亟须解决的，我会在'砚育新生'总结会上公布解决方案。"崔泽达若有所思。

"另外，小杨，'砚育新生'活动给我们积累了不少图片素材，下一步需要把FT古砚有意义的活动或进步及时传达给客户。我们FT古砚除了以静态内容为主的微信公众号，还希望用一种动态的方式，如微电影来加以补充。这个微电影主要是讲FT古砚的品牌故事，可能只有不到十分钟，但它可以'润物细无声'，对顾客的听觉和视觉形成冲击，更容易打动顾客的内心，引起共鸣。我现在就有个初步的想法，把宋先生夫妇当初因CS古砚而结缘的故事作为主线，赋予FT古砚更多人性本真的情感。"

在跟小杨沟通过后，崔泽达还在反复思考着刚刚王姐提出的问题——FT古砚到底该如何处理高端和低端的问题。"砚育新生"活动后，崔泽达一直在与父亲讨论FT古砚到底要往哪儿走。崔国强在这件事上比较现实，他认为高端市场不能丢，但要把重点放在市场上占绝大部分的中低端客户身上。崔泽达并不完全赞同父亲的观点：

"爸，我从一开始接触公司，就一直在思考FT古砚的路该怎么走，所以才会走访本地和外地市场，现在请您听听我的想法。首先，FT古砚的优势。拥有近40年制砚历史和深入人心的制砚世家的品牌，在整个保定市是绝无仅有的。我们在CS古砚时期积累了相当多的高端客户，他们对CS古砚有着特殊的感情，从我们最近的'砚育新生'活动的效果，您就能明白。其次，我们的竞争对手多集中在粗放式竞争的低端市场。他们普遍是缺乏历史积淀的年轻品牌，往往'就砚论砚'，常过度解释砚石的珍贵性和砚的工艺。河北YSY 有限公司是我们当地易砚产业的龙头企业，但他追求的是规模经济，既维系着竞争者难以触及的高端客户，也不放过低端市场上每一个盈利机会。"

崔泽达停顿了一下，继续说道："再者，低端客户往往只考虑价格，购买力普遍不强。而对中高端客户来讲，品牌、作品品质和文化底蕴是其优先考虑的因素，价格反而处于次要的地位。这类客户一般有三类需求：一是礼品馈赠，二是收藏，三是作为审美和抒怀之物陈列案头。这部分客户往往愿意支付较高的价格购买自己心仪的作品，宋先生就属于这类客户。但目前中高端客户对我们的印象是'杂货铺'，这一问题必须要解决，我们需要用小批量、个性化制作来满足这类客户的需求。此外，在产品设计部小邵的努力下，我们的产品冲破了过去产品设计的桎梏，融合了更多佛、道、儒的理念，加入了更多现代主义元素，较以往及竞争者有了鲜明的风格和独特性，我们的作品终于不再生硬和枯燥。同时，在我们取消机雕后，成本增高也必然不适合做低端产品。综合考虑，我建议舍弃低端客户，专注于中高端客户。"

崔国强与崔泽达多次探讨后，最终同意放弃低端市场。"砚育新生"活动后的第二个星期，崔泽达在总结大会上向全公司宣布了这个决定。

"首先，感谢大家这段时间对我的理解和支持。FT 古砚已渐有起色，但店里还有一些以前的存货，与我们目前作品的风格格格不入，对高端客户造成了相当大的困惑。我跟一些员工进行了交流，并和崔总商量后，一致决定以'与古为新、风雅精致'为品牌口号，以'尊重自然、统一设计、简约意象、化物为情'为产品设计原则，以'为客户带来文化享受和品质生活'为目标，重拾'与古为新、品格自身、臻善尽美、精益求精'的创作精神。从今天开始，我们放弃低端市场，主攻中高端市场，产品生产逐渐向小批量、个性化方向发展。店里现有的 2000 元以下的低端产品及其他机雕产品，我们会想办法消化掉。"崔泽达向父亲的方向看了一眼，崔国强对他点了点头。

"下一步我们将研发新产品，希望大家加强学习，跟上节奏。另外，小杨和王总监需要注意，之前准备的微信公众号和相关素材，可以结合目前的定位，在网络和店面同步开展宣传了。"

8.4.4　砚石新用博口碑

　　崔泽达在南下考察返回的途中，在贵州发现了一种新产品——倒流香座①，他特意让店家点了一个塔香，发现它的导流设计形同虚设，因为烟雾并没有按照它设计的路径流动，反而漂浮在上面，但的确非常雅致、有意境。崔泽达向店家询问了倒流香座的销售情况，又陆续走访考察了一些店家，发现用砚石做倒流香座还是个新事物，售价普遍在 1500 元以上。目前，倒流香座尚处于前期开发阶段，并且烟雾导流普遍有点"敷衍"的意味。崔泽达意识到 FT 古砚的复兴，除了要执行以"戍边"为主的"寻找失落的诺亚方舟"行动，还需要开疆拓土，崔泽达暂且称之为"流浪的哥伦布船长"行动。于是，他从贵州买了一方紫袍玉带石料的倒流香座作品，供自己参考设计。

　　"小邵，我去年在贵州考察时买了一方很有意思的东西，叫倒流香座，我拿给你看看。你知道倒流香是什么吗？"

　　"我见过。花气无边熏欲醉，灵芬一点静还通。很有意境，很高雅。"小邵说完，闭上眼睛像闻到了馨香。

　　"既然你知道，那真是太好了。我从贵州带回来一个，你拿回去研究研究。我当时考察的时候，市面上的倒流香座产品普遍有个问题，就是烟雾导流形同虚设，我带来的这个还算不错。找一块贵州产的紫袍玉带石的好料，这是市场公认的名贵砚石品种，先做一下设计，然后交给马总监去做成品，大型出来后，我们一起来研究如何做导流设计。尽快拿出样品，我需要这个样品，先在公司内做推广和培训。另外，你多关注一下木雕、雕塑、珠宝玉石等，看是否有可以借鉴的工艺应用到我们的创作中来，例如镶嵌和彩绘。"崔泽达有些迫不及待地想要看到成品了。

　　2015 年 9 月初在公司全员工大会上，崔泽达手上的一方"禅悟"倒流香座样本惊艳全场。

　　"在'寻找失落的诺亚方舟'行动执行将近半年后，我看到了 FT 古砚和大家的进步，给一些本已遗失的老客户重新回归 FT 古砚的理由。砚作为研墨的器具，虽然当代社会其使用频次越来越低，并且有茶盘、鱼缸等作为替代，

---

① 倒流香座，这是一种特制的塔香，内部有一小孔，放在香座上，在室内没有风、空气相对静止时，烟会像流水一样，从上往下流动，它的主要材质是陶瓷、玉石和黄铜。

但作为产品形态在整个中国砚文化市场上又是不可或缺的。因此，我们将进一步开展'流浪的哥伦布船长'行动，在目前产品品类的基础上加大创新，尝试一些新品类。这方'禅悟'便是我们与香道结合，开发出的第一款成品——倒流香座，意义非凡。小邵接下来会给大家做培训，同时我们会进一步挖掘砚石① 在茶道、香道、雕塑、现代创意家居用品等领域的可延展性，突出不同产品形态在文化内涵、客户需求上的统一性和互补性。希望大家能集思广益，多提意见。"崔泽达话音刚落，大家纷纷提议要点上一根塔香看看效果。事实证明，小邵的导流设计得非常成功，第一款倒流香座作品便被宋先生抢先收藏了。

2015 年 9 月，FT 古砚第一款倒流香座作品"禅语"问世；2016 年 10 月，第一款线香香插作品"大业有成"问世；2016 年 11 月，FT 古砚第一款鱼缸茶盘一体、砚台笔筒一体作品上市；2016 年 1 月，FT 古砚第一款沉积玉料壶承、水草化石杯垫作品问世，并与茶盘配套销售；2016 年 3 月，FT 古砚第一款灯座烛台作品上市。新产品一经问世，无论是作品品质还是新颖的题材，都引起了客户的极大关注，丰富了 FT 古砚的产品体系，为 FT 古砚迅速积累了新的良好口碑。

8.5　尾声——路漫漫其修远兮

FT 古砚在"山重水复疑无路"的颓败局面下，经过"寻找失落的诺亚方舟"和"流浪的哥伦布船长"两个行动的洗礼，逐渐摒弃了以往轻浮纷杂的表象，与品牌厚重的历史底蕴重逢相拥。在全公司的努力下，部分遗失的老客户及

---

① 好的砚石本身具有以下四大明显优势：a. 经久耐用，代代相传。砚石石质幼嫩、细腻、滋润，具有很强的亲水性、颜色天然、遇冷遇热不变形、不开裂、不褪色、易清洁、磨光后不会吸茶色、不易滋生细菌等特点，故可长期使用，甚至代代相传。b. 极高的艺术欣赏价值。砚石深埋地底，集亿万年日月精华、山川灵气，孕育出色彩斑斓的石品花纹，并辅以雕刻师巧夺天工的雕饰，使之成为融实用、绘画、书法、雕刻、金石于一体的具有极高欣赏价值的艺术品。c. 深厚的文化底蕴。砚石是中国文房四宝中的珍宝，经历代达官贵人、文人雅士的使用、咏叹，赋予了砚石丰富多彩的文化内涵。d. 非凡的收藏价值。砚石属于稀缺的不可再生资源，由其制成的产品都是根据砚石的天然特性，经过设计加工精雕细琢而成，具有唯一性。因此，砚石有着升值潜力和收藏价值。

新客户逐渐认识并认可了 FT 古砚的新定位、新理念、新产品，同时公司也摆脱了衰颓的趋势，整体运行恢复到正常的发展轨道，员工积极性显著提高，产品创新性得到了长足进步，在产品研发持续推陈出新的同时，传播手段也逐渐扩展至直播、微博等数字化平台。

2016 年 5 月，FT 古砚与宋先生重新交好，必将在行业内引起"裙带效应"，让更多的新老朋友重新认识并爱上 FT 古砚。FT 古砚与砚的再次相遇相知，孕育出了新生的希望，但这对其"传承文化经典、塑造百年品牌"的愿景而言还只是个开始，前路仍有诸多困难与挑战需要面对，比如，如何深化顾客的体验活动，增强顾客对 FT 古砚的认同；再如，制砚工人的年龄逐渐偏大，年轻人不愿意从事辛劳的制砚工作，如何使传统的制砚工艺和品质得到传承和创新……

路漫漫其修远兮，没有一劳永逸的行为，只有不断改变的策略，FT 古砚未来的路还很长……

启发思考题

1. 2010 年之前，FT 古砚的前身 CS 古砚品牌具有什么样的特征？FT 古砚品牌资产由哪些要素构成？

2. 2010—2014 年，FT 古砚品牌老化现象体现在哪些方面？为什么会出现老化？

3. 2014 年，副总经理崔泽达上任后采取了哪些措施活化 FT 古砚品牌？

4. FT 古砚如何通过整合营销传播促进企业进行品牌活化？

5. 通过 FT 古砚的品牌活化案例，讨论传统品牌在发展过程中一般会面临哪些问题？传统品牌活化的路径有哪些？

6. 如果你是副总经理崔泽达，今后如何进一步加深品牌活化？你认为品牌活化是否能够创造可持续竞争优势？

案例分析

1. 分析思路概述

品牌活化是品牌管理的一项重要内容，也是"市场营销"课程最为重要的知识点之一。在互联网时代，市场环境与技术环境的巨大变迁，使许多具有优势的传统品牌的价值和市场认同度日益下降，品牌老化现象日益凸显。因此，企业如何活化历代传承的品牌价值，是一个亟待解决的问题。本案例以传统企业 FT 古砚实施品牌活化为例，通过对该问题的成因及其具体实施策略的深入分析，试图使读者了解、掌握和思考以下三方面内容：

（1）理解传统品牌资产的特征和构成要素，在此基础上理解品牌资产对品牌活化的重要性；

（2）掌握品牌活化的路径与措施，以及品牌活化的不同策略和动态过程；

（3）探讨传统品牌面临的困难，以及运用整合营销传播手段进行品牌活化的路径。

2. 案例分析关键要点

1）关键点

品牌活化策略与路径的探讨，以及整合营销传播促进品牌活化的具体手段。

2）关键知识点

传统品牌活化策略、整合营销传统的手段。

3）能力点

市场营销职业判断能力、分析能力以及解决实际问题的能力。

3. 相关理论知识点

1）品牌资产

品牌资产（brand equity）是品牌管理领域中的一个重要概念。品牌资产本质上是一种无形资产，其核心是如何为消费者建立品牌的内涵。一个强势的品牌应该具有强劲的品牌力，并可以在市场上迅速成长。因此，品牌资产与品牌成长战略息息相关。

品牌资产会影响消费者的购买行为及其对营销活动的反应，所以，品牌资产依附于消费者，而非依附于产品。凯勒（Keller）提出了基于消费者的品牌资产模型（customer-based brand equity，CBBE），该模型认为品牌资产主要由品牌意识和品牌形象两方面构成，是消费者已有的"品牌知识"导致的消费者对品牌营销活动的差异化反应。

CBBE 模型框架如图 8-1 所示。建立品牌意识包括构建品牌回忆和品牌认知两个方面，此时最重要的是构建能够产生品牌回忆和品牌认知的记忆线索，进而使消费者能够从纷繁复杂的信息中快速认知和回忆品牌信息。而建立品牌形象的核心内容是构建消费者的品牌联想。要构建一个合理的品牌联想，需要关注品牌联想的类型（到底希望获得怎样的联想）、偏好（这种联想给消费者偏好带来了什么影响）、强度（希望获得的联想是否能与品牌之间建立很强的关联）和独特性（是不是能与竞争对手的品牌联想区分开）。

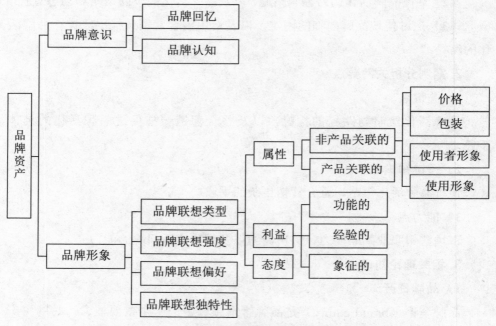

图 8-1　基于消费者的品牌资产（CBBE）模型

2）品牌老化与品牌活化

品牌老化是指企业品牌在市场竞争中的知名度、美誉度下降，以及销量、市场占有率降低等品牌衰落现象。凯勒认为当环境发生变化时，如消费时尚改变、出现新竞争对手、技术革新等，企业反应过于激烈，品牌资产所依赖的根基将会动摇，品牌老化的根源在于品牌资产的流失或贬值。勒胡（Lehu）从企业角度出发，认为品牌老化的原因主要有：①企业提供的产品或服务存在问题，如产品调研和开发滞后、创新缓慢、消费者满意承诺矛盾等；②目标市场存在问题，如消费者数量减少或年龄偏高、目标市场守旧等；③品牌传播存在问题，如传播预算减少、品牌提及率低等。

　　品牌活化（brand revitalization）是品牌长期管理的一项重要内容，保持品牌年轻化的主要方法是不断进行品牌活化。品牌活化是指为了使资产再生，通过 "寻根" 的方式重新获取失去的品牌资产，通过一系列营销手段，不断向消费者传递品牌信息，从而扭转品牌的衰退趋势（李岩岩，2007）。很多专家和企业管理者都认为，任何品牌如果没有经历长时间的良好经营，都会遇到潜在的老化问题。而品牌活化就是运用各种可利用的手段来扭转品牌的衰退趋势，解决品牌老化问题，是增加品牌资产价值的基本途径。

　　凯勒从消费者的认知心理出发，基于 CBBE 理论建立了品牌活化的基本框架，主要包括两个方面：一是寻找失去的品牌资产来源，二是识别并建立新的品牌资产来源。同时，凯勒提出品牌活化主要有扩展品牌意识和改善品牌形象两条路径（见图 8-2）。

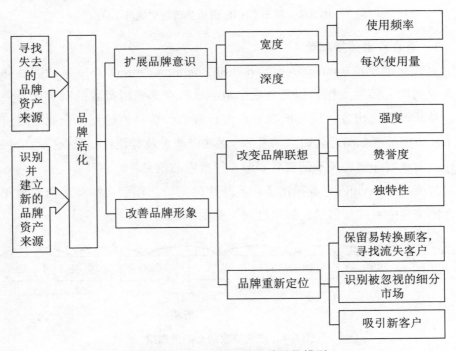

图 8-2　基于 CBBE 的品牌活化模型

　　何佳讯基于 CBBE 理论提出了品牌活化矩阵（见图 8-3）。该矩阵从活化对象和活化途径两个维度分析概括了品牌活化的四大根本策略，包括唤醒记忆、扩展意识、复古风格和改变形象。其中，活化对象分为能够引发消费者怀旧意识的传统品牌资产（老资产）和能够满足消费者新的现实需要的新品牌资产（新资产），而活化途径分为意识和形象两类，即通过建立消费者对品牌的意识，或者树立正确的品牌形象，达到品牌活化的目的。

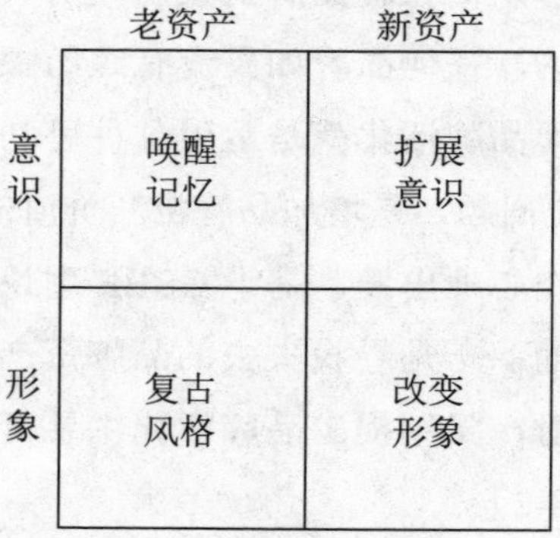

	老资产	新资产
意识	唤醒记忆	扩展意识
形象	复古风格	改变形象

图 8-3　基于 CBBE 理论品牌活化矩阵

3）整合营销传播理论

整合营销传播（integrated marketing communication，IMC）是把品牌等与企业的所有接触点作为信息传达渠道，以直接影响消费者的购买行为为目标，是从消费者出发，运用所有手段进行有力的传播的过程。企业运用信息技术一方面处理如何及何时向消费者、潜在消费者及其他目标受众传达信息，另一方面获取并储存关于消费者和潜在消费者的信息。

拉维奇（Lavidge）等提出了广告层次的七阶段模型，解释了消费者在整合营销传播中对广告信息的处理过程（见图 8-4）。

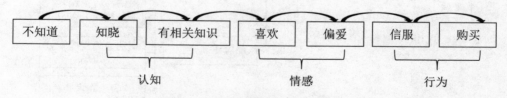

图 8-4　广告层次的七阶段模型

科特勒（Kotler）则在七阶段模型的基础上，针对消费者对传播的特定反应，提出了整合营销传播模型，并假设消费者要按某种顺序经历认知、情感和行为三个阶段。传统的顺序是"认知—情感—行为"，适用于消费者对产品品类介入程度较高的情况，即他们能够感知不同产品间的极大差异，如汽车或房子。另一种顺序，即"行动—感受—了解"，适用于消费者虽然介入程度高，但不太能感知产品内部差异的情况，如机票或笔记本电脑。第三种顺序，即"了解—行动—感受"，适用于消费者介入程度低且难以感知差异的情况，如电池。通过选择合适的顺序，可以更好地开展针对性的营销传播。

4. 案例思考及分析

1) 2010 年之前，FT 古砚的前身 CS 古砚的品牌具有什么样的特征？FT 古砚品牌资产由哪些要素构成？

FT 古砚前身 CS 古砚具有较为鲜明的品牌特征。读者可从产品、文化和客户需求等多个方面展开分析。进一步，针对该品牌的品牌资产，读者可结合品牌资产和 CBBE 框架相关理论对其中的要素展开分析。参考分析思路如下。

（1）FT 古砚的前身 CS 古砚的品牌特征

① **产品方面**：以往砚作为研墨工具，以发挥功能性价值为主，现在逐渐转变为"格物抒怀"的文化载体，更多地发挥体验性价值。与此同时，由于砚产品在文化享受、高端社交等方面的独特优势，其社交价值也逐步增强。

② **文化方面**：砚石是中国文房四宝中的珍宝，被历史赋予了丰富多彩的文化内涵。同时，传统品牌的经营理念、技术工艺等也深受传统文化影响，古砚品牌本身具有浓厚的文化特征。

③ **客户需求方面**：由于古砚纯手工制作及名师名作的属性，往往定位高端消费群体。随着物质条件的提升，越来越多的消费者有能力购买高端产品，对高端产品的个性化追求也逐渐提升。

（2）FT 古砚品牌资产的构成要素

FT 古砚品牌资产主要由品牌意识和品牌形象两部分构成。其中，品牌意识主要由与品牌相关的故事等品牌回忆以及崔氏荣誉等品牌认知构成，品牌形象主要包括砚产品功能、消费者体验等引发的联想。参考分析思路如图 8-5 所示。

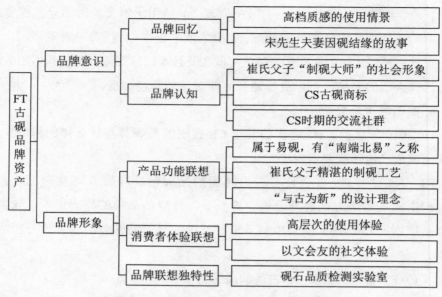

图 8-5　FT 古砚 CBBE 要素

2）2010—2014 年，FT 古砚品牌老化现象体现在哪些方面？为什么会出现老化？

读者可首先使用凯勒的品牌资产模型理论分析 FT 古砚品牌资产老化状况，然后利用勒胡的品牌老化框架相关理论分析 FT 品牌老化的原因。参考分析思路如下。

（1）FT 古砚品牌老化现象的具体体现

FT 古砚的品牌资产主要来源于其前身 CS 古砚时期所积累的强烈的品牌意识和独特的品牌联想。但在面对互联网冲击、品牌被竞争对手抢注、品牌危机发生时，FT 古砚未能及时有效地处理，导致中高端客户大量流失，企业品牌资产严重老化。根据品牌资产模型分析 FT 古砚品牌资产老化状况，参考分析思路如表 8-2 所示。

表 8-2　CS 古砚时期和 FT 古砚时期的品牌资产对比

品牌资产构成要素			CS 古砚时期的品牌资产 （2010 年以前）	FT 古砚的品牌资产 （2010—2014 年）	老化状况
品牌意识	品牌回忆	使用情景	对 CS 古砚高档质感和历史名人使用该砚等的深刻记忆	高端客户、老客户流失，新客户基本不了解 CS 古砚的历史和质感	减弱

续表

品牌资产构成要素			CS 古砚时期的品牌资产 （2010 年以前）	FT 古砚的品牌资产 （2010—2014 年）	老化状况
品牌意识	品牌回忆	品牌故事	与 CS 古砚相关的经典人、事、物的故事	部分老消费者与新消费者不知晓 CS 古砚与 FT 古砚品牌的渊源	减弱
	品牌认知	社会荣誉	崔氏父子 "制砚大师" 的社会形象为品牌背书	崔氏父子的品牌背书效果已经明显降低	减弱
		商标	一直使用 "CS 古砚" 的品牌名称，但未注册商标	"CS 古砚" 商标被竞争对手抢注，无奈改成 "FT 古砚"	流失
		交流社群	经常举办和 CS 古砚相关的交流活动	交流活动停滞使品牌认知传播中断	流失
品牌形象	产品功能联想	原材料 / 产地	石质细腻、柔坚适中	粗制滥造、低端价廉	减弱
		制作工艺	纯手工制作，名师名作	机雕	流失
		产品设计	崔氏独有的 "与古为新" 的设计理念	外观好看，但产品没有内涵	减弱
	消费者体验联想	使用体验	使用 CS 古砚的砚台是一种修身养性、寻求灵感的体验过程	高端客户减少，低端客户又无法很好地对该类产品产生体验和认同	减弱
		社交体验	搭建交流社群供消费者相互交流，也是消费者社交馈赠的首选产品	交流活动停滞、品牌知名度降低也导致其不再是消费者社交馈赠的首选产品	流失
	品牌联想独特性	制砚流程	消费者可亲身体验严谨的砚石品质检测流程，对该品牌的砚产品更加信赖	实验室关闭	流失

（2）FT 古砚品牌老化的原因

在客观外力的不可抗拒性和主观革新滞后性的双重作用下，FT 古砚逐渐遗失了在 CS 古砚时期积累的品牌资产优势，导致品牌老化。基于勒胡提出的品牌老化框架，可以从产品和服务、目标市场、品牌传播三方面展开分析，参考思路如下。

① 产品和服务方面

a. 产品创新力度不足。 就外部环境而言，FT 古砚固守陈旧的设计风格，与消费者随时代发展而不断变化的需求脱节；同时，消费者对砚台研墨的功能性需求逐渐转化为收藏和社交需求，因此对砚台的创新性有更高的追求。

就内部环境而言，FT 古砚员工整体文化素养偏低，导致产品更新滞后且产品创新缺少文化内涵。

b. 服务满意度下降。FT 古砚机雕产品无法满足中高端客户对高品质的要求，同时 FT 古砚的价格也对追求物美价廉的批发商及低端个人客户缺乏吸引力。同时，线上销售的发展也对传统的线下零售模式造成了一定冲击，店面客流量骤减导致服务人员士气低落，进一步拉低了线下消费者的满意度。

② 目标市场方面

a. 品牌定位模糊。CS 古砚的最初定位是成为中高端客户分享和交流砚文化的平台，而商标被抢注后，FT 古砚则逐步转向低端市场，但依然不放弃用日益微薄的品牌影响力维持中高端市场。模糊的市场定位背离了最初的品牌定位，给 FT 古砚带来了一系列品牌管理问题，扰乱了消费者对该品牌的总体认知，如中高端消费者认为产品粗制低端，低端消费者则认为其价格不够低廉。

b. 客户资源流失。在 CS 古砚时期积累的如宋先生等高端客户，愿意以较高价格购买心仪的作品，但由于模糊的品牌定位，FT 古砚品牌被视为粗制滥造、低端廉价的"杂货铺"，大量的中高端客户因此离去。

c. 市场竞争激烈。FT 古砚所处的河北易州地区，整个市场环境缺乏知识产权保护意识，大量的低品质仿制产品不仅抢占了 FT 古砚的市场份额，还间接伤害了其品牌形象。

③ 品牌传播方面

a. 品牌传播乏力。品牌被抢注后，FT 古砚进行品牌传播的首要客户群是新客户和不了解 CS 古砚与 FT 古砚品牌渊源的老客户，但 FT 古砚并未对两类客户群进行有效的品牌传播，2010—2014 年，FT 古砚整体品牌传播基本停滞。

b. 营销观念和手段落后。FT 古砚公司员工文化程度普遍较低，且缺乏系统性培训，导致员工营销观念淡薄，对市场竞争环境不甚了解，无法针对消费者需求进行有效的营销和改进。此外，FT 古砚也缺乏利用网络平台和数字技术进行线上品牌传播和营销的意识与能力。

c. 品牌区域形象受限。FT 古砚产品所属的易砚行业乱象层出，使易砚整体形象沦为低端价廉，其背书效应减弱，FT 古砚也很难突破粗制滥造的易砚品牌形象。

3）2014 年，副总经理崔泽达上任后采取了哪些措施来活化 FT 古砚品牌？

在副总经理崔泽达到任后，FT 古砚实施了一系列针对性的品牌活化行动。读者可结合品牌活化相关理论以及 CBBE 理论对这一阶段的行动进行分析，可以看出企业主要是从扩展品牌意识和改善品牌形象两条路径对 FT 古砚品牌进行活化。参考分析思路如图 8-6 所示。

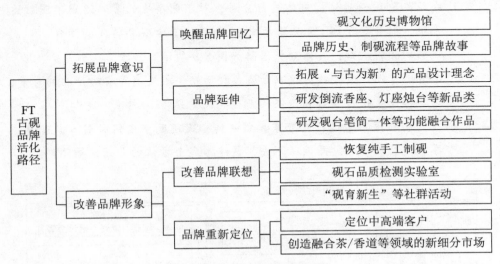

图 8-6　FT 古砚品牌活化路径

基于品牌活化矩阵的相关理论，读者可以进一步分析 FT 古砚品牌活化的各项具体措施分别对应品牌活化矩阵的哪些象限，从而可以看出案例企业在开展品牌活化行动时综合使用了品牌活化矩阵中的四大品牌活化根本策略：唤醒记忆、扩展意识、复古风格和改变形象。具体分析思路如图 8-7 所示。

	老资产	新资产
意识	**唤醒记忆** √砚文化历史博物馆； √品牌历史、制砚流程等品牌故事	**扩展意识** √拓展"与古为新"的产品设计理念； √研发倒流香座、灯座烛台等新品类； √研发砚台笔筒一体等功能融合作品
形象	**复古风格** √恢复纯手工制砚； √砚石品质检测实验室	**改变形象** √"砚育新生"等社群活动； √定位中高端客户； √创造融合茶/香道等领域的新细分市场

图 8-7　FT 古砚品牌活化矩阵

4）FT古砚如何通过整合营销传播促进企业品牌活化？

读者可根据整合营销传播理论和广告层次的七阶段模型、消费者的反应阶段模型等相关理论，对FT古砚的品牌活化过程进行深入分析。在传播模型的各阶段中，FT古砚分别采用不同的传播手段来进行品牌营销，达到效果阶段模型中的对应层次，主要分析思路如图8-8所示。

① 在认知阶段，对目标群体进行分层，对不同层次的客户运用不同触达手段，引导其了解CS品牌历史和CS与FT古砚品牌间的渊源，形成正确的品牌认知，具体分析思路如图8-9所示。

② 在情感阶段，通过针对性地开展各种活动，激发消费者对产品的喜爱，对品牌产生强烈偏好和信任，产生购买意愿。

③ 在行动阶段，通过信息分享和口碑传播促进购买，同时引入新客户，再次进入认知阶段并循环下去，最终形成全方位的营销传播闭环。

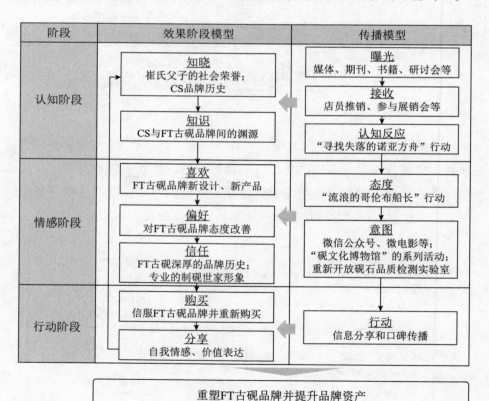

图8-8 FT古砚整合营销传播信息处理过程

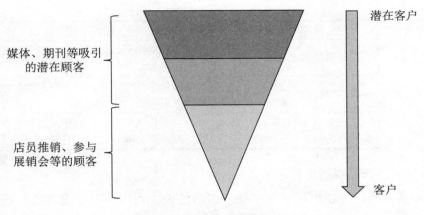

媒体、期刊等吸引
的潜在顾客

潜在客户

店员推销、参与
展销会等的顾客

客户

图 8-9　FT 古砚营销管理漏斗

5）通过 FT 古砚的品牌活化案例，讨论传统品牌在发展过程中一般会面临哪些问题？传统品牌活化的路径有哪些？

随着经济社会环境的不断变迁，传统品牌在长期发展中难免陷入困境。读者可以从产品服务、市场定位、品牌传播三方面分析传统品牌在发展过程中可能面临的问题，再结合品牌活化相关理论，总结传统品牌的活化路径。

（1）传统品牌在发展过程中会面临的问题

读者可从三个方面分析传统品牌在发展过程中面临的具体问题和原因，参考思路如表 8-3 所示。

表 8-3　传统品牌在发展过程中面临的问题

分析维度	具 体 问 题	原　　　因
产品服务	传统工艺传承断层	社会环境的冲击、传承人意愿不强烈或传承时机不成熟
	品牌产品持续创新动力不足	人才资源老化及新鲜血液补充不足，传统工艺精髓的遗失导致创新的资本丧失
	品牌产品质量下降	传统生产工艺遗失，一如既往的优质原材料获取困难，坚守产品品质的意愿下降
	新技术、新工艺与传统工艺融合不足	品牌领导者及员工的文化修养与时代发展对技术的新要求脱节
市场定位	市场定位模糊，无法根据市场变化进行适时调整	对原有市场的支撑乏力，对新市场的争夺激烈，为生存而一味追求市场和销售
	品牌与消费者需求脱节	目标群体定位模糊，品牌创新能力与消费者动态的需求不匹配
	市场竞争激烈	市场准入门槛降低，竞争者涌入

续表

分析维度	具体问题	原　因
品牌传播	品牌意识淡薄	过度依赖老字号品牌资产，品牌领导者及员工文化修养不足
	传播手段滞后	过度依赖传统营销方式，没有能力与现代新营销手段融合
	KOL（关键意见领袖）营销效用弱化	社会关系传递断裂，无法形成新传承人的人脉资源，新品牌背书效用后继乏力

（2）传统品牌的活化路径

许多传统品牌在市场竞争中处于弱势的根本原因，在于没有真正做到以消费者为中心的品牌导向，品牌逐渐老化，最终导致消费者流失。结合品牌活化相关理论，分析 FT 古砚品牌重获品牌优势的过程，可从中总结提炼出传统品牌的两条品牌活化路径，分别为通过唤醒品牌回忆、创造品牌核心价值、适度品牌延伸拓展品牌意识，通过塑造积极的品牌联想、重新定位品牌、识别并开发新的细分市场改善品牌形象，以此重塑合适的品牌标识、品牌内涵、品牌反应和品牌关系，最终达到提升品牌价值的目的。主要思路参见图 8-10。

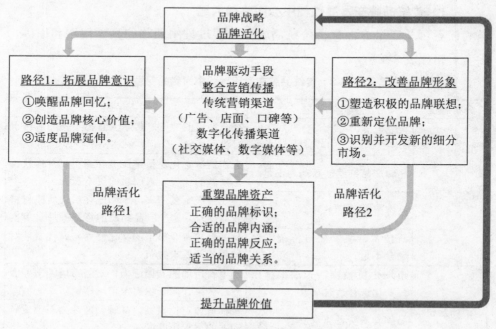

图 8-10　传统品牌活化的路径模型

① 品牌活化路径 1：拓展品牌意识

传统品牌可以通过唤醒品牌回忆、创造品牌核心价值、适度进行品牌延伸等方式拓展品牌意识，从而进行品牌活化，具体而言：

a. 唤醒品牌回忆：旨在以情感诉求建立消费者关系。如 FT 古硯向消费者讲述品牌故事，组建具有亲密关系和归属感的品牌社群等。

b. 创造品牌核心价值：品牌核心价值是品牌营销传播活动的原点，需要企业在深刻了解消费者的基础上，深入分析自身品牌，抓住消费者的心。如 FT 古硯恢复纯手工制作并重开硯石品质检测实验室，积极向消费者传达 "与古为新、精益求精" 的品牌理念等。

c. 适度品牌延伸：传统品牌需要与时俱进，在保持传统特色的基础上不断研发满足现代需求的产品。如 FT 古硯将传统制硯技术应用于研发倒流香座。

② 品牌活化路径 2：改善品牌形象

传统品牌可以通过塑造积极的品牌联想、重新定位品牌、识别并开发新的细分市场等方式改善品牌形象，从而进行品牌活化，具体而言：

a. 塑造积极的品牌联想：传统品牌应在秉承品牌核心理念和文化内涵的基础上，坚持与时俱进，包容创新，提升消费者对品牌的积极印象。如 FT 古硯研发的 "禅语" 倒流香座将香道融入已有的品牌理念中，加深消费者对品牌的认可。

b. 重新定位品牌：指根据市场变化调整品牌定位，树立满足消费者偏好的品牌新形象，加强行业竞争力。

c. 识别并开发新的细分市场：在成熟或衰退期时，可识别并开发新的细分市场，通过丰富产品体系来提高市场销量以及品牌美誉度。如 FT 古硯引入现代设计元素，研发倒流香座、茶盘等新产品系列，促进品牌增长。

以上两种品牌活化路径的实现，都需要基于整合营销传播，达到与消费者的良好互动。通过传统营销渠道与新兴数字化传播渠道结合的方式，整合一切能够直接触达消费者的机会，影响消费者的购买行为。与此同时，也可以达到重塑品牌的目的，更新品牌标识、内涵、反应和关系，最终提升品牌价值。

6）如果你是副总经理崔泽达，今后如何进一步加深品牌活化？你认为品牌活化是否能够创造可持续竞争优势？

FT古砚通过拓展品牌意识和改善品牌形象，将新时代元素注入传统品牌中，成功完成品牌活化，重获品牌优势。进一步加深品牌活化可以从以下角度展开思考：

① **人员结构角度**。进一步引进新人才。一类是高层次设计人才，在理解FT古砚品牌理念的基础上，将现代设计元素融入产品中；另一类是手工匠人，由于传统文化的断层和年轻人不愿从事辛劳的制砚工作，坚持纯手工制砚的FT古砚可能面临手工匠人缺失的问题，因此出于长远考虑，应积极储备这类人才。

② **体验营销角度**。改善体验内容与体验工具。人们对砚和研墨缺乏了解，因此，FT古砚可以经常举办"砚笔生辉"之类的主题体验活动，促进人们对砚文化的认同。此外，开发深度结合新兴数字技术的体验工具，让消费者能够沉浸式体验砚文化，并运用微信、抖音等流行数字技术平台推广产品。

品牌活化能否创造可持续的竞争优势，可能有两个开放式的答案：

① 能创造竞争优势。在现代市场环境中，传统品牌是企业所拥有的稀缺核心资源，通过不断活化品牌，提升品牌的生命力，促使消费者产生消费行为，就可能持续创造竞争优势。

② 不能创造竞争优势。如果企业为了活化品牌而摒弃传统品牌资产中的核心要素，如文化、风格、理念等，一味迎合市场需求，这类活化行为很可能只为企业带来短期利润，无法形成可持续的竞争优势。

5. 推荐阅读

[1] 卢泰宏，黄胜兵，罗纪宁. 论品牌资产的定义 [J]. 中山大学学报（社会科学版），2000，40(4)：17-22.

[2] Pitta D A, Katsanis L P. Understanding Brand Equity for Successful Brand Extension[J]. Journal of Consumer Marketing, 1995, 12(4): 51-64.

[3] 张辉，白长虹，郝胜宇. 品牌资产管理新视角——基于员工的品牌资产研究述评 [J]. 外国经济与管理，2011(9)：34-42.

[4] 许正良，古安伟. 基于关系视角的品牌资产驱动模型研究 [J]. 中国工业经济，2011(10)：109-118.

[5] 张峰. 基于顾客的品牌资产构成研究述评与模型重构 [J]. 管理学报，2011，8(4)：552-558.

[6] 李岩岩 . 品牌活化研究综述 [J]. 科技创业月刊，2007(7)：67-69.

[7] Berry N C. Revitalizing Brands[J]. Journal of Consumer Marketing, 1988, 5(3): 15-20.

[8] 卢泰宏，高辉 . 品牌老化与品牌激活研究述评 [J]. 外国经济与管理，2007，29(2)：17-23.

[9] Keller K L. Managing Brands for the Long Run: Brand Reinforcement and Revitalization Strategies[J]. California Management Review, 1999, 41(3): 102-124.

[10] Keller K L. Conceptualizing, Measuring, and Managing Customer-Based Brand Equity[J]. Journal of Marketing, 1993, 57(1): 1-22.

[11] 舒尔兹，田纳本，劳特朋，等 . 整合营销传播 [M]. 呼和浩特：内蒙古人民出版社，1998.

[12] 许晖，谷雨，吕峰，等 . "联姻" 能否赢得大未来——华夏未来的品牌战略选择 [Z]. 第六届 "全国百篇优秀管理案例" 获奖案例，2015.